Tom-Uwe Bialowons

Radwandern um Berlin

Zwischen Schorfheide und Scharmützelsee

Sportverlag Berlin

Die Deutsche Bibliothek – CIP-Einheitsaufnahme

Bialowons, Tom-Uwe:
Radwandern um Berlin: Zwischen Schorfheide
und Scharmützelsee / Tom-Uwe Bialowons. –
Berlin: Sportverl., 1997
ISBN 3-328-00720-2

ISBN 3–328–00720–2

Umschlaggestaltung: Volkmar Schwengle/Buch und Werbung
Titelfotos: Tom-Uwe Bialowons
Fotos: Tom-Uwe Bialowons
Graphiken: Boris Jahn
Satz und Repro: LVD GmbH, Berlin
Druck und Bindung: Neue Stalling, Oldenburg
Printed in Germany 1997

Gedruckt auf alterungsbeständigem Papier
mit chlorfrei gebleichtem Zellstoff

Inhalt

Vorwort

Dieser Radwanderführer ist nicht das Buch der sensationellen „schönsten" Radtouren, mehr ein Ratgeber für die normale Wochenend- oder Kurzurlaubstour. Dennoch wird mancher überrascht sein, wieviel es in der Region nördlich und östlich Berlins zu entdecken gibt. Eine Landschaft, die sozusagen fast „um die Ecke von Berlin" liegt, jedoch nicht so bekannt und befahren ist, wie das südliche und westliche Umland Berlins. Obgleich sie viel Sehenswertes zu bieten hat: das Kloster Chorin, das Schiffshebewerk Niederfinow, die Märkische Schweiz, das Oderbruch, Seenketten, ausgedehnte Wälder, Höhenzüge und Schluchten wie in einem Mittelgebirge, Auelandschaften …

Jedoch machen nicht einzelne Highlights den eigentlichen Reiz der eiszeitlich geprägten Landschaft aus, sondern es sind die Abwechslung, die Vielgestaltigkeit und die Kontraste, die man sonst kaum so dicht nebeneinander wiederfindet. Besonders augenfällig werden diese Gegensätze an den Kanten der Barnimer und Lebuser Hochflächen zum Oderbruch.

Und es ist auch kein Zufall, daß es in Ostbrandenburg mit dem Biosphärenreservat Schorfheide-Chorin, dem zweitgrößten in Deutschland, sowie den Naturparks Märkische Schweiz und Schlaubetal drei Großschutzgebiete gibt, ein viertes wird mit dem Naturpark Barnim geplant.

Ein weiterer Vorzug ist die, bis auf die unmittelbar an Berlin angrenzenden Gebiete und Städte, relativ dünne und aufgelockerte Besiedlung. Daraus resultiert die für den Radler erfreuliche Tatsache, daß der motorisierte Verkehr zumeist eher gering ist und es nur wenige stark befahrene Straßen gibt. Allerdings darf man nicht zu wählerisch sein, das Straßennetz ist weder gut ausgebaut noch besonders modern. Dies kann ja für den Radler durchaus erfreulich sein, zwingt aber nicht selten dazu, Wege zu benutzen, die nicht immer ideal sind (Stichwort „Streusandbüchse Mark"). Und dann noch das berühmt-berüchtigte Brandenburger Kopfsteinpflaster – es ist bei Ortsdurchfahren fast unvermeidlich.

Dieser Radwanderführer soll neugierig auf Touren in Ostbrandenburg machen, auch zu eigenen Touren anregen und denjenigen ein Hilfsmittel sein, die gern individuell radeln möchten, sich dazu jedoch auf eine exakte Beschreibung der Strecke verlassen wollen.

Die Touren lassen sich selbstverständlich variieren, teilen, anders zusammenstellen und auch abkürzen. Entsprechende Hinweise findet man in diesem Buch.

Zwei der Prinzipien, nach denen die Touren ausgewählt wurden, sind „Start und Ziel im Berliner S-Bahntarifbereich“ und „Streckenlänge unter 100 Kilometer“. (Nur in zwei Fällen wurde davon abgewichen.)

Ein Architektur- oder Reiseführer im herkömmlichen Sinne kann und will dieses Buch nicht sein. Dies hätte zu einem unhandlichen Buch geführt und ist auch nicht nötig, da es mittlerweile eine umfangreiche Literatur zu dieser Region gibt. Dennoch wird bei jeder Tour auf wichtige Sehenswürdigkeiten und geschichtliche Ereignisse hingewiesen.

Bevor es richtig losgeht

Hinweise zu den Touren und Streckenbeschreibungen
Die Touren beginnen und enden, bis auf eine Ausnahme, an Bahnhöfen im Bereich des Verkehrsverbundes Berlin-Brandenburg (umgangssprachlich: S-Bahn-Bereich). Dies spart allen, die in dieser Region wohnen oder sich aufhalten, für die Anreise Zeit und Geld. Wer unbedingt möchte, kann ja mit dem Auto zum Ausgangspunkt fahren (natürlich macht man so etwas nicht ...). Parkplätze sind zumindest in der Nähe vorhanden.

Unabhängig davon, wie man zum Ausgangspunkt der Touren kommt – jeder Start ist so beschrieben, als ob man mit der Bahn gefahren wäre.

Hinweise und Beschreibungen zu Geschichte und Sehenswürdigkeiten der Orte, die auf der Fahrt passiert werden, sind mit einem gelben Raster hinterlegt.

Mit einem grünem Balken markierte Textstellen geben Tips zu Abkürzungen, Varianten und Abstechern zu Sehenswürdigkeiten abseits der beschriebenen Tour.

Erfahrungsgemäß bergen der Beginn und das Ende einer Radtour einige Risiken: Eine andere, unbekannte Umgebung, die Erwartungshaltung und die Vorfreude auf das zu Erlebende sowie die körperliche und geistige Ermüdung am Ende einer Tour erschweren die Orientierung, machen nervös und schränken die Aufmerksamkeit stark auf das Finden der richtigen Strecke ein. Insbesondere für den Verantwortlichen einer Gruppenfahrt ist dies eine erhebliche Belastung.

Daher sind sowohl Unfälle in diesen Situationen als auch das Einschlagen eines falschen Weges nicht selten. Dies kann, von schlimmeren Folgen ganz abgesehen, zum Abbruch einer Tour führen, bevor sie überhaupt richtig begonnen hat, oder zu erheblichen Zeitverzögerungen, zu Enttäuschung und Verärgerung. Die Streckenführung sollte also zu Beginn und zu Ende relativ einfach, aber zugleich sicher sein, besonders, wenn Start und Ziel in einem größeren Ort liegt. Es verbieten sich (eigentlich) sowohl

Schleichwege, die schwierig zu finden sind, als auch starkbefahrene Straßen. Es ist mitunter jedoch nicht leicht, beide Forderungen unter einen Hut zu bringen. Dann ist ein Kompromiß nötig. Daher wurde in diesem Buch auf manche ruhigere, aber schwer zu findende und zu beschreibenden Strecke verzichtet.

Die Streckenlängen sind als Circa-Größen aufzufassen. Es wird immer die kürzeste Entfernung entsprechend der ausführlichen Tourbeschreibung angegeben, also ohne Abstecher und Abkürzungen.

Bei den meisten Strecken gibt es Möglichkeiten zur Abkürzung oder vorzeitigen Beendigung an einem Bahnhof. Wo sich eine derartige Variante anbietet, wird darauf hingewiesen.

Wo es notwendig erscheint, wird in der ausführlichen Tourbeschreibung auf die Oberflächenbeschaffenheit der Strecke näher eingegangen. Denn es macht schon einen Unterschied, ob man zehn Kilometer auf Asphalt oder auf einem sandigen Weg fährt. Wesentlich zeit- und kraftaufwendiger ist letzteres allemal, und darauf muß man sich als Durchschnittsradler auch einstellen.

Alleen – in Brandenburg gibt es sie reichlich

Welches Rad ist geeignet?

Auch wenn sich das Mountain- oder Trekking-Bike allgemein durchgesetzt hat, manch einer fährt ja doch gern mal mit dem Rennrad. Auch für solche Räder geeignete Touren werden angeboten, wenn auch in der Minderzahl.

Ein wichtiges Prinzip bei der Streckenzusammenstellung war, daß die „atmosphärische Ruhe" Vorrang vor dem glatten Belag hat. Daher werden weitgehend Bundes- und andere dicht befahrene Straßen gemieden, selbst wenn man dafür einen Umweg auf einem unbefestigten Fahrweg in Kauf nehmen muß. Umgekehrt wird aber auf einen unbefestigten, kürzeren Weg verzichtet, wenn es eine besser befahrbare, trotzdem ruhige und schöne sowie nicht allzuviel längere Strecke gibt. Denn das Buch ist ja ein Radwanderführer und keine Beschreibung für Fußwanderungen.

Aber zurück zur Frage: Alle Fahrräder mit „normal" breiten Reifen sind geeignet, mit breiteren natürlich auch. Für die meisten Touren wird zudem eine Gangschaltung empfohlen, die aber über eine Drei-Gang-Nabenschaltung hinausgehen sollte.

Gastliche und touristische Einrichtungen

In diesem Radwanderführer wird absichtlich auf die namentliche Nennung von Gaststätten, Pensionen und Hotels verzichtet. Von diesem Prinzip wird nur abgewichen, wenn dies für die Streckenbeschreibung notwendig erscheint.

Jedoch wird bei einigen Orten die Existenz solcher Einrichtungen erwähnt, wo sich ein Zwischenstop anbietet, sei es für eine Rast oder eine Übernachtung. So sind auch die Punkte „Einkehrmöglichkeiten" und „Übernachtung" bei den Tour-Kurzbeschreibungen nur als Auswahl zu verstehen.

Näheres erfährt man bei den Tourist-Informationen, Fremdenverkehrsämtern oder -vereinen, die dem Interessierten neben Informationsmaterial auch Gastgeberverzeichnisse zur Verfügung stellen. Die Anschriften, Telefon- und Faxnummern findet man auf den Buchklappen. Adressen, bei denen man sich über preiswerte Gruppenquartiere informieren kann, sind im Anhang angegeben.

Literatur und Kartenmaterial

Es gibt eine Menge Literatur zur Region, allerdings kaum auf den interessierten Radfahrer zugeschnitten. Erwähnt seien die drei Bände von „Brandenburg. Der Osten", die einen umfangreichen und gut bebilderten aktuellen Überblick über den Bereich zwischen der Schorfheide und dem Neißeland bei Guben vermitteln. Ansonsten sei hier auf den Anhang verwiesen.

Die in diesem Buch dargestellten **Grafiken** dienen in erster Linie zur groben Orientierung. Zusammen mit den Tourbeschreibungen reichen sie aber für das Abfahren der Strecke aus. Wer näheres wissen oder die Strecken variieren möchte, der kann sich ebenso im Anhang informieren, welche Karten es gibt.

Richtig geeignet für das Radwandern sind allerdings nur **Karten**, deren Maßstab nicht kleiner als 1:100 000 ist.

Zu empfehlen sind die Radwanderkarten „Berliner Umland" (Nordost und Südost) und (mit einigen Abstrichen) „Reisegebiet Märkische Schweiz-Oderbruch" sowie die ADFC-Regionalkarte „Berlin und Umgebung".

Wissenswertes zu den Ausgangspunkten

Bei den Tourenbeschreibungen wird, außer bei Gusow, weitgehend auf die Darstellung des Start- und Zielortes verzichtet. Es werden ebenso immer die kürzesten Strecken vom oder zum Bahnhof angegeben. Dies bedeutet aber nicht, daß es in diesen Orten nichts zu sehen gibt – im Gegenteil! Wer also vor oder nach einer Tour noch Zeit und Muße hat, sollte eine Besichtigung der zahlreichen Sehenswürdigkeiten unbedingt einplanen.

Bernau

Bernau liegt im doppelten Sinne im Barnim. Das historisch-geographische Land Barnim umfaßt das Gebiet zwischen Oderbruch, Berliner Urstromtal, Havelländischem Luch und Eberswalder Urstromtal. Südöstlich wird es durch die Stobber und die Löcknitz vom Land Lebus getrennt. Für den Namen gibt es unterschiedliche Deutungen, wahrscheinlich geht er auf einen slawischen Personennamen zurück.

Der Barnim, auch als (räumlich etwas enger gefaßte) Landschaftsbezeichnung verwendet, wurde im Laufe der Jahrhunderte mehrfach unterschiedlich gegliedert. Bis 1952 gab es die Kreise Ober- und Unterbarnim. Zum Unterbarnim, dessen Kreisstadt Bernau längere Zeit war, gehörten viele Dörfer, die 1861 und 1920 in Berlin eingemeindet wurden, darunter auch Moabit, Wedding und Gesundbrunnen!

Im Jahre 1952 entstanden dann neue Kreise, die auch Gebiete

außerhalb des Barnims einschlossen. Mit der Kreisgebietsreform im Dezember 1993 wurden die Kreise Eberswalde und Bernau zum Landkreis Barnim vereinigt, der einerseits für den Barnim bedeutsamen Städte wie Bad Freienwalde und Strausberg nicht umfaßt, andererseits aber die südliche (alte) Uckermark einbezieht. So haben also die Landkreise Oberhavel und Märkisch-Oderland sowie Berlin noch Anteile am Barnim.

Daher ist es kein Wunder, wenn die nicht genau abgegrenzte Verwendung des Begriffes Barnim oder Barnimer Land zur Verwirrung beiträgt. (In diesem Buch wird „Barnim" grundsätzlich in der ursprünglichen Bedeutung verwendet.)

Bernau wurde wahrscheinlich um 1230 als Stadt gegründet, aber erst 1296 urkundlich als solche erwähnt. Die an der Handelsstraße Spandau/Berlin – Stettin gelegene Stadt gehörte dem 1321 gegründeten mittelmärkischen Städtebund an, um gemeinsam Angriffe von außen abzuwehren. Ansehen und Wohlstand erreichte Bernau vom 14. bis zum 16. Jahrhundert vor allem durch die Tuchmacherei und das Bierbrauen. In vielen märkischen Orten und Berlin schenkte man damals das Bernauer Schwarzbier aus.

Im Jahre 1432 wurde ein Angriff der Hussiten erfolgreich abgewehrt, was später, und seit 1992 wieder, jedes Jahr durch ein „Hussitenfest" gefeiert wurde. Der Dreißigjährige Krieg, Brände und Pestepidemien dezimierten die Einwohnerzahl und richteten große Schäden an. Bernau war eine verarmte und verödete Stadt geworden. Obwohl 1699 aufgrund des Edikts von Potsdam sich hier Hugenottenfamilien mit unterschiedlichen Handwerksberufen ansiedelten, dauerte es bis zur zweiten Hälfte des 19. Jahrhunderts, unter anderem auch durch den Anschluß an das Eisenbahnnetz 1842, ehe sich die Stadt wieder entwickelte.

Seit 1975 erfolgten nochmals einschneidende Veränderungen im Stadtbild. Im Zuge einer „Restaurierung" der Altstadt wurden einerseits einige Altbauten rekonstruiert, andererseits viele historisch wertvolle, aber zumeist in einem schlechten Zustand befindliche Fachwerkhäuser des 18./19. Jahrhunderts abgerissen, um Platz für neue Wohnhäuser zu schaffen.

Wurde dieses problematische Vorgehen insbesondere in der unmittelbaren „Nachwendezeit"-Literatur noch scharf gegeißelt, beispielweise als Zerstörung der Stadt, so werden in neueren Veröffentlichungen schon wesentlich ruhigere Töne angeschlagen. Vielleicht liegt es daran, daß die Stadt durchaus noch reizvoll ist, die neuen Häuser zwar nicht so romantisch wie die alten sind, aber auch nicht erschlagend wirken, der Wunsch nach modernen und bezahlbaren Wohnungen durchaus verständlich ist oder man sich entsinnt, daß zu allen Zeiten Veränderungen im Bild einer Stadt vorgenommen wurden.

Sicher am idyllischsten in der **Bernauer Altstadt** ist die in ihrer Länge von rund 1500 Metern fast vollständig, aber nur an manchen Stellen in ihrer urprünglichen Höhe von acht Metern erhaltene **Stadtmauer** aus dem 14. Jahrhundert. Ein Tor von ursprünglich dreien ist erhalten – das Steintor aus dem 15. Jahrhundert. Hier befindet sich auch der Hungerturm, der Pulverturm steht dagegen auf der entgegengesetzen Seite der Altstadt.

Das wertvollste, älteste und zugleich das Stadtbild bestimmende Bauwerk Bernaus ist die **St.-Marien-Kirche**. Schon in der ersten Hälfte des 13. Jahrhunderts entstand hier eine Feldsteinkirche, die Anfang des 14. Jahrhunderts erneuert wurde. Die Umbauten als Backstein-Hallenkirche zu Beginn und vor allem im letzten Viertel des 15. Jahrhunderts bezogen heute noch sichtbare Reste dieses Vorgängerbaus mit ein. Die Arbeiten waren 1519 mit der Ausmalung im wesentlichen abgeschlossen. Der Turm entstand erst 1845/46.

Beeindruckend im Inneren ist sowohl die schöne und großzügige Raumgestaltung als auch die überaus reiche Ausstattung, darunter ein sechsflügeliger Hochalter von 1520 mit zahlreichen szenischen Malereien aus dem Umkreis Lucas Cranach d. Ä. und wertvollen Schnitzereien, einer der besten spätgotischen Altäre der Mark überhaupt.

(*Öffnungszeiten* April-September: Montag, Mittwoch-Freitag 13–15 Uhr, Samstag 14–15 Uhr, Sonntag 14–16 Uhr; Führung nach telefonischer Anmeldung 03338/2339)

Sehr sehenswert sind auch das Hotel „Schwarzer Adler" (im Kern 15./16. Jahrhundert), das Kantorhaus (ältestes Wohnhaus der Stadt von 1582/83, heute Musikschule), das klassizistische Rathaus (1805) und das St. Georgen-Hospital außerhalb der Altstadt in Richtung Wandlitz (gestiftet 1832, Kapelle 15. Jahrhundert, Hospitalgebäude von 1738).

Das **Heimatmuseum Bernau** ist in zwei Gebäuden untergebracht: Im Steintor wurde 1882 das erste „Hussitenmuseum" der Welt eingerichtet, zu sehen ist eine Sammlung mittelalterlicher Waffen und eine Darstellung zur Entwicklung der Stadt und ihrer

Gewerbe. Im Henkerhaus, im 17. Jahrhundert erbaut und bis Mitte des 19. Jahrhunderts Wohnung des Scharfrichters, wird eine Ausstellung zum Gerichtswesen des Mittelalters und zur Lebensweise der Bewohner Bernaus um die Jahrhundertwende gezeigt.

(*Öffnungszeiten*: Dienstag-Freitag 9–12 und 14–17 Uhr, Wochenende 10–13 und 14–17 Uhr. Das Museum im Steintor hat nur Mai-Oktober geöffnet.)

Werneuchen

Das inmitten des Barnims liegende Werneuchen wurde möglicherweise als Stadt an der Handelstraße Berlin – Stargard gegründet und 1240 erstmals urkundlich erwähnt.

Im Dreißigjährigen Krieg völlig eingeäschert, erhielt der Ort erst 1865 wieder die Bestätigung des Stadtrechts.

Die **Backstein-Kirche** entstand 1873/74 unter Einbeziehung des Chores eines spätromanischen Feldsteinbaus.

Auf dem Friedhof steht eine klassizistisches Mausoleum von Anfang des 19. Jahrhunderts in den strengen Architekturformen der Gilly-Schule. Daneben befindet sich das Grabkreuz für den Pfarrer F. W. A. Schmidt, der als Dichter unter dem Namen Schmidt von Werneuchen bekannt und von Fontane in seinen „Wanderungen“ gewürdigt, von Goethe jedoch verspottet wurde.

Zwischen Berlin-Lichtenberg und Werneuchen verkehrt die Regionalbahn im Stundentakt (Tarif Berlin und Umland).

Strausberg

Auch Strausberg liegt im (alten) Barnim, und zwar in dessen oberem Teil, gehört jetzt aber zum Landkreis Märkisch-Oderland.
Es entstand im 1230 als Siedlung bei einer Paßfeste an der Handelsstraße Köpenick – Wriezen. Eine erste, sichere urkundliche Erwähnung als „Struceberch“ erfolgte 1247. Der Name weist auf den slawischen Ursprung hin und somit auch, daß hier schon lange vor den deutschen Siedlern Wenden lebten. Das slawische Wort „Struc“ bedeutet „Schote“ und könnte auf die Form des Straussees hinweisen. Durch Sinnumdeutung („Struze“ bedeutet im Mittelhochdeutschen Strauß) wurde letzlich daraus Strausberg, was sich auch im Wappen ausdrückt.

Mit der Gründung eines Dominikaner-Klosters um 1254 (1540 aufgehoben, im 18. Jahrhundert abgebrochen) wurde mit dem Bau einer Stadtmauer begonnen. Bis ins 14. Jahrhundert erlebte die

Stadt durch die günstige Lage eine Blütezeit. Ab 1348 bis zum Ende des Dreißigjähriges Krieges wurde die Stadt mehrfach überfallen und verwüstet, Stadtbrände und die Pest suchten sie heim. Dazu ging auch der Stadt durch die Verlegung der Handelsstraße die Voraussetzung für den Fernhandel verloren. Die Stadt war nahe am Untergang.

Ab der ersten Hälfte des 18. Jahrhundert kam es zu einer langsamen wirtschaftlichen Belebung. Strausberg wurde Tuchmacher-, jedoch auch Garnisonstadt. Letzteres hat sich bis in die heutige Zeit erhalten. Aber schon 1833 setzte ein starker Rückgang der handwerklichen Produktion ein. Selbst der Bau der Ostbahn Berlin – Küstrin änderte nichts an der ungünstige wirtschaftlichen Situation, denn der Bahnhof war sechs Kilometer vom Stadtzentrum entfernt. Jedoch entwickelte sich die Stadt, auch mit dem Bau der Strausberger Eisenbahn (Straßenbahn) 1893 und der Fähre über den Straussee 1894, mehr und mehr zum Erholungsort für die Berliner.

Ab 1935 wurde Strausberg mit dem Bau eines Munitionswerkes, eines Militärflugplatzes und von Kasernen erneut Garnisonsstadt. Im April 1945 kam es in der Innenstadt durch Kampfhandlungen zu erheblichen Zerstörungen.

Am Bötzsee unweit der Spitzmühle

Die Stadt wurde 1954 Sitz des Hauptstabes der Kasernierten Volkspolizei der DDR und ab 1956 des Verteidigungsministeriums. Jetzt befindet sich seit 1991 auf diesem Gelände eine Bundeswehrkaserne.

1948 erfolgte die Eröffnung des S-Bahnanschlusses bis Strausberg Vorstadt, 1956 dann bis Strausberg Nord. Von 1952 bis 1993 war Strausberg Kreisstadt.

Das älteste Gebäude der Stadt ist die **Pfarrkirche St. Marien**. Sie ist ein beachtliches Baudenkmal der Mark und soll der ersten Berliner Nikolai-Kirche sehr ähnlich sein. Entstanden ist die guterhaltene dreischiffige Pfeilerbasilika Mitte des 13. Jahrhunderts, Umbauten erfolgten im 15. Jahrhundert. Im Inneren befinden sich unter anderem Gewölbemalereien von 1448 und ein wertvoller Schnitzaltar vom Anfang des 16. Jahrhunderts.

In der Innenstadt interessant sind außerdem die Teile der alten **Stadtbefestigung** (13. Jahrhundert), das **Rathaus** (1818/1820) und die 1792 auf den Fundamenten des Klosters erbauten ehemaligen Armen- und Invalidenhäuser.

Das **Heimatmuseum**, August-Bebel-Straße 33, zeigt unter anderem eine Ausstellung zur Geschichte der Stadt und der Lebensweise der Strausberger Bevölkerung im 19./20. Jahrhundert sowie Exponate zur Ur- und Frühgeschichte des Barnims, des Handels und Handwerks im Mittelalter, der Tuch- und Schuhmacherei und des Vereinslebens der Stadt. (Derzeit werden umfangreiche Bauarbeiten und eine Neugestaltung des Museum vorgenommen. Daher kommt es 1997 zu Einschränkungen. *Öffnungszeiten*: Dienstag-Donnerstag 10–12 und 13–17 Uhr, ab 1998 auch Sonntag 14–17 Uhr).

Die S-Bahn fährt zwischen Berlin und Bahnhof Strausberg (Vorstadt) im 20-Minuten-Takt, nach und von Strausberg Nord alle 40 Minuten.

Fürstenwalde

Fürstenwalde liegt am südlichen Rand des Landes Lebus und gehört zum Landkreis Oder-Spree. Es wurde zwischen 1252 und 1258 im Zuge der deutschen Ostexpansion am strategisch wichtigen Spreeübergang von den Askaniern gegründet. 1285 bestätigte eine Urkunde der brandenburgischen Markgrafen die Stadtrechte. Hierher wurde 1385 der Sitz des Bistums Lebus verlegt, das noch bis 1598 bestand.

Im Mittelalter war Fürstenwalde ein wichtiger Umschlagplatz für den Handel, hier wurden die Waren vom Wasserweg – der Spree aus Richtung Berlin – auf den Landweg zur Oder nach Frankfurt und umgekehrt umgeladen. Die Erhebung von Zöllen, die Entwicklung von Handwerk und Gewerbe verschafften der Stadt neben dem Handel wachsenden Wohlstand, der sich im Bau der Stadtmauer, der Kirche, des Doms und des Rathauses ausdrücken.

Die Bedeutung von Fürstenwalde als Handelsstadt erlosch schlagartig, als 1588 15 Kilometer flußaufwärts eine neue – die Frankfurter – Ablage (heute Kersdorfer Schleuse) errichtet wurde. Der Warenumschlag in Fürstenwalde war daher nicht mehr notwendig, die Stadt sank zu einem Ackerbürgerstädtchen herab.

Im 18. Jahrhundert entwickelte sich Fürstenwalde zu einem Zentrum der Tuchmacherei. Seit Mitte des 19. Jahrhunderts kam es, begünstigt durch den Bau der Bahnstrecke Berlin – Frankfurt (1842), des Oder-Spree-Kanals (1891) und schließlich der Autobahn zu einer raschen industriellen Entwicklung.

Auch Fürstenwalde war Garnisonsstadt, von hier wurden 1939 die Bombenangriffe gegen Polen geflogen. Als der Krieg im April 1945 Fürstenwalde ebenfalls unmittelbar betroffen hatte, lagen vier Fünftel aller Gebäude der Innenstadt in Schutt und Asche – nach sechstägigen Kämpfen hatten die abziehenden Wehrmachts- und SS-Truppen die zur Festung erklärte Stadt in Brand gesteckt und die Spreebrücke gesprengt. Letztlich auch als Ergebnis des Krieges waren bis 1994 innerhalb und außerhalb der Stadt größere Einheiten der sowjetischen, später russischen, Armee stationiert.

Die Stadt konnte sich jedoch bald wieder wirtschaftlich erholen, und größere Betriebe, wie das Reifenwerk „Pneumant", entstanden hier. Auch einige wertvolle Bauwerke wurden wiederhergestellt, wenngleich die vollständige Rekonstruktion bis in die Gegenwart hineinreicht.

Der 1945 zerstörte und 1995 neu eingeweihte **Dom** wurde 1446 bis 1470 erbaut. Vorher befand sich hier eine im 13. Jahrhundert errichtete Kirche, die 1385 Kathedrale und 1432 durch die Hussiten zerstört wurde. Die spätgotische dreischiffige Backsteinhalle erhielt 1766/71 eine spätbarocke Umgestaltung, und der Turm bekam damals seine heutige Form.

Der Wiederaufbau begann schon im Oktober 1945 mit Enttrümmerungsarbeiten. Bis 1966 waren der Turm, die Anbauten und die Umfassungsmauern instandgesetzt, und der Dom hatte wieder ein Dach. Der endgültige Wiederaufbau begann aber 1988 mit der Gründung einer Dombauhütte und der Fortsetzung der Innenarbeiten. In die Westhälfte wurde bis 1990 ein Gemeindezentrum eingebaut. Damit entstand nicht die Großkirche wieder, sondern ein für unterschiedliche Zwecke nutzbares Gebäude. Verzichtet wurde auf die Aufmauerung der Pfeiler und Gewölbe.

Besonders wertvoll ist das Sakramentshaus von 1517 und ein Epitaph des Bischofs von Bülow (1523). Der Barockaltar (1511) stammt aus der stillgelegten Jüterboger Mönchskirche. (*Besichtigungszeiten:* 11–16 Uhr. *Führungen:* Wochenende 11 und 14 Uhr)

Das ebenfalls 1945 zerstörte Rathaus aus verputztem Feldstein entstand um 1500. Sehr schön ist der Maßwerkgiebel an der Westseite des Rathauses. Das **Rathaus** beherbergt unter anderem die **Städtische Galerie** (*Öffnungszeiten:* 10–12 und 14–18 Uhr, außer Montag, am Wochenende nur bis 16 Uhr).

Umfangreiche Restaurierungsmaßnahmen erfolgten auch an den verbliebenen Bürgerhäusern des 17. bis 19. Jahrhunderts. In einem von diesen befindet sich das **Heimatmuseum** (Domstraße 1), das unter anderem Ausstellungen zur Geologie mit einer umfangreichen Gesteinssammlung (Geschiebe der Eiszeit), zur Ur- und Frühgeschichte, zur Geschichte der Stadt und zum Maler und Grafiker Gerhard Goßmann beherbergt. (*Öffnungszeiten:* Dienstag-Freitag und Sonntag 9–12 und 13–16 Uhr, Samstag 13–17 Uhr)

Von der **Stadtbefestigung** sind nur noch Reste der Mauer aus dem 14./15. Jahrhundert, der Bullenturm (15. Jahrhundert) und die Ruine des Niederlagetors zu sehen.

Für einen gemütlichen Ausklang einer Tour in Familie bietet sich der Heimattiergarten im Stadtpark an (*Öffnungszeiten:* 9–16 Uhr, April-September bis 18 Uhr).

Ein **Tip für die Touren 16, 18 und 19:** Die verkehrsreiche Ampelkreuzung zu Beginn läßt sich gefahrloser bewältigen, wenn man vom Bahnhofsvorplatz die Friedrich-Engels-Straße weiter bis zur Kreuzung fährt und dann schiebend die Übergänge mit den Fußgängerampeln links *(Touren 16/18)* oder rechts *(19)* benutzt.

Zwischen Berlin Hauptbahnhof, Berlin-Karlshorst und Fürstenwalde verkehrt der Regionalexpreß im Stundentakt (Tarif Berlin und Umland). Zusätzlich fährt zwischen Erkner und Fürstenwalde jede Stunde eine Regionalbahn.

Zum Märchenschloß Dammsmühle

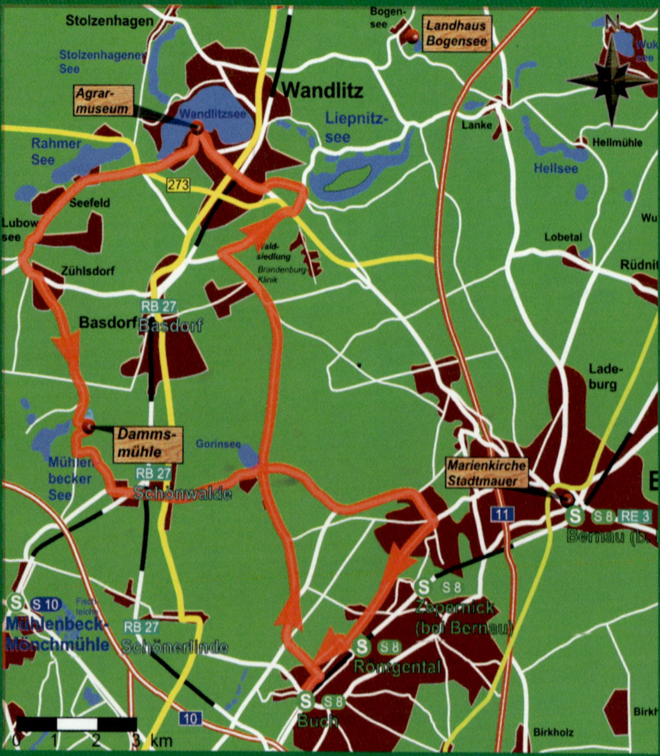

Start und Ziel: Bahnhof Buch
Streckenlänge: 45 km
Abkürzungen: Zurück mit der Bahn ab Wandlitz, Schönwalde oder Zepernick
Wegbeschaffenheit: Bis Wandlitz überwiegend Wege, dann größerer Straßenanteil
Sehenswertes (Auswahl): Agrarmuseum Wandlitz, Schloß Dammsmühle
Einkehrmöglichkeiten (Auswahl): Gorinsee, Wandlitz, Zühlsdorf, Dammsmühle, Schönwalde
Baden: Gorinsee, Liepnitzsee, Rahmersee

Auf den ersten Blick eine Geschichtsfahrt: ein agrarhistorisches Museum, eine Siedlung der früheren Politprominenz der DDR und ein Schloß mit einer wechselvollen Geschichte. Und dennoch auch eine Tour der Ruhe und der landschaftlichen Idylle mit ausgedehnten Waldpassagen und schönen Seen.

★

Vom **Bahnhof Buch** (vorderer Ausgang) fahren wir die *„Wiltbergstraße"* zunächst nach links. Gleich danach biegen wir rechts ab in den *„Röbellweg"*. An der nächsten Kreuzung fahren wir dann nach links in den *„Pölnitzweg"*. Auf dieser ruhigen Straße sehen wir auf der linken Seite Gebäude des Klinikums Buch. Nach den letzten Häusern erreichen wir den Stadtwald Buch, befinden uns aber immer noch in Berlin.

An der Kreuzung mit der Hobrechtsfelder Chaussee überqueren wir die Straße und fahren auf den Weg halbrechts, der zwischen den zwei Straßen rechts beginnt. Auf diesem guten Waldweg geht es weiter parallel zur „mörderischen" Kopfsteinpflasterstraße in Richtung **Hobrechtsfelde**. Dort, wo der Weg auf die Straße führt, rollen wir ein kurzes Stück weiter auf dem schmalen Randstreifen.

Am Waldrand befinden wir uns schließlich an der Grenze zwischen Berlin und Brandenburg.

Hier fahren wir auf die Betonfläche nach links und den sich anschließenden Weg, der mit einer Schranke gesperrt ist, vorbei an einem Meilenstein, auf dem nur noch schwach Entfernungsangaben zu erkennen sind.

Den ersten Abzweig nach rechts ignorieren wir, biegen dann aber beim zweiten Abzweig rechts auf den Schotterweg. Die Wanderwegausschilderung **Gorinsee** ist allerdings nur von der anderen Seite zu sehen.

Wir fahren jetzt durch ehemalige Rieselfelder, die in den letzten Jahrzehnten stillgelegt und aufgeforstet wurden. Zumeist wurde Laubwald, vor allem Rubinien und Silberpappeln, angepflanzt. Sicher ist hier bald ein richtiger, aber aufgelockerter Wald zu erwarten.

Auf dem überwiegend mit grobem Kies belegten, halbwegs gut befahrbaren Weg geht's weiter geradeaus, ohne abzubiegen. Nach einiger Zeit sind rechts die Häuser von **Hobrechtsfelde** zu sehen, vor allem ein turmartiges Gebäude mit weinrotem Dach.

Der Name des kleinen Dorfes geht zurück auf J. Hobrecht (1825–1902), der in Berlin bis zu seinem Tode Stadtbaurat war. Seinem Plan – dem Hobrechtplan – verdanken die Berliner das Hauptstraßensystem und die noch immer funktionierende Kanalisation. Auf ihn geht auch die Idee zurück, das Abwasser durch ein ausgeklügeltes Kanalsystem ins Umland, insbesondere in den Norden, zu leiten, auch um als Dünger für die Sandböden zu dienen. So entstanden die Rieselfelder, auf denen übrigens auch Teile von Marzahn und Hellersdorf gebaut wurden.

An einer Weggabelung halten wir uns an der Ausschilderung **Gorinsee** halblinks, also fast geradeaus. Wenn voraus die ersten Häuser der Siedlung Gorinsee zu sehen sind, wird der Weg recht lossandig, besonders in langen Trockenzeiten eine recht unangenehme Sache.

Wir fahren nun an einem richtigen Kontrastprogramm vorbei: Reiterhöfe, Pferdekoppeln und ein „Autofriedhof".

An der Weggabelung nach den Häusern benutzen wir den breiten Sandweg rechts, der mit der Wanderwegmarkierung „grüner Strich auf weißem Grund" gekennzeichnet ist. Nach kurzer Fahrt durch ein Waldstück erreichen wir die Straße *Schönwalde-Schönow*, überqueren diese und fahren weiter geradeaus in den Fahrweg, der immer noch mit dem grünen Strich gekennzeichnet ist. Nun sehen wir schon das Gasthaus „Am Gorinsee". Weiter geht es nun über einen Zeltplatz.

Davor bietet sich ein Abstecher zur Badestelle am See an, der sehr schön im Wald eingebettet liegt, auch eine gute Wasserqualität hat, aber natürlich an heißen Tagen etwas überlaufen ist.

Am Zeltplatzende fahren wir vorbei an einer Schranke weiter geradeaus. Am Anfang ist der Weg noch recht sandig, wird dann nach einer Lichtung wesentlich besser. Unsere Orientierungshilfe für die weitere Strecke ist nun der Weg selbst und der grüne Strich, der uns noch eine ganze Weile begleiten wird.

Nach einiger Zeit stoßen wir auf ein völlig ruhiges Asphaltsträßchen, auf dem wir ohne abzubiegen weiterfahren.

Nach einer Schranke berühren wir dann **Basdorf**. (Hier biegt links eine Straße ab, die im weiteren Verlauf zum Bahnhof führt.)

Auch wenn die Asphaltstraße nun recht löchrig wird, ist sie dennoch für den Radler noch recht gut.

An der Gabelung fahren wir nun nach rechts auf die Betonstraße. Nach einiger Zeit ist rechts eine ramponierte Betonmauer zu sehen, die die **Waldsiedlung Bernau** umschließt. (Der „Abenteurer" könnte vielleicht auf die Idee kommen, die Lücken in der Mauer zu nutzen, um dorthin zu gelangen. Aber dieser Weg ist natürlich „illegal".)

Schließlich stoßen wir auf eine wesentlich breitere Betonstraße (B 2), fahren hier ein Stück nach rechts, und dann nach links in die gesperrte Asphaltstraße in Richtung **Liepnitzsee**.

Wer der **Waldsiedlung Bernau (Wandlitz)** einen Besuch abstatten möchte, fahre auf der Bundesstraße zunächst ein Stück weiter und dann rechts durch das Tor beziehungsweise durch die Maueröffnung neben dem Tor. Dahinter sehen wir am *„Eichelhäherweg"* die (nun ehemaligen) Wohnhäuser der „Partei- und Staatsführung der DDR".
Dies hat Wandlitz „berühmt" gemacht. 1958 wurde die Siedlung erbaut und 1990 dem Landkreis übergeben. Jetzt beherbergt sie die Brandenburg Klinik. Dazu wurden umfangreiche Um- und Erweiterungsbauten vorgenommen.
Zurück fahren wir zunächst auf die Bundesstraße, dort nach links und gleich wieder rechts auf die erwähnte gesperrte Straße.

An einer Kreuzung vor dem **Liepnitzsee**, an der rechts (nach Bernau) und links asphaltierte Wege abzweigen, halten wir uns links nach **Wandlitz**. (Zum See mit Badestelle würden wir geradeaus kommen. Weitere Informationen siehe Tour Lobetal.)

Wir passieren eine Drehschranke und erreichen die ehemalige Fernverkehrsstraße durch den Ort. Auf dieser fahren wir fast geradeaus weiter (rechts befindet sich ein Hotel). Recht ruhig gelangen wir zum Bahnhof Wandlitz (links, mit Gaststätte) und überqueren die Schienen der „Heidekrautbahn" Berlin-Groß Schönebeck.

Es geht nun weiter bis zur Bundesstraße B 109, wir überqueren diese und erreichen nach kurzer Zeit den alten Dorfkern, immer noch auf der alten Fernverkehrsstraße.

(Davor können wir vor dem Schullandheim abbiegen auf die nach rechts abzweigende Betonstraße zum jüngeren **Ortsteil Wandlitzsee** mit dem Strandbad, dem Bahnhof und der Jugendherberge.)

Wir kommen nun auf der für Brandenburg typischen Kopfsteinpflasterstraße, besser fährt es sich auf dem Weg daneben, zum **Agrarhistorischen Museum**. Dieses kündigt sich durch eine alte, 20 Tonnen schwere Dampfpfluglokomobile an.

Dieses Museum, welches auch das Heimatmuseum beherbergt, wirkt von außen ziemlich unscheinbar, hat aber eine sehr sehenswerte Sammlung zur Geschichte der Landwirtschaft, des bäuerlichen Lebens und der Region.
(*Öffnungszeiten:* Dienstag bis Freitag 9–16.30 Uhr, von April bis Oktober auch Samstag/Sonntag 10–17 Uhr).

Von hier könnten wir zwar auf dem Weg rechts von der Straße in Richtung des **Wandlitzsees** fahren, kommen aber leider nicht an sein Ufer. (Eine der wenigen Stellen, wo dies unproblematisch möglich ist, befindet sich hinter der Jugendherberge.)

Weiter geht es nun auf der holprigen Hauptstraße, beziehungsweise auf dem Weg, durch das Dorf, wobei wir unbedingt auch die sehr schöne Kirche beachten sollten (spätmittelalterlicher Feldsteinbau, 1716 nach Osten erweitert, Kanzelaltar 1716). Auf der „*Oranienburger Straße*" fahren wir aus dem Ort und überqueren dann die (neue) B 273 geradeaus in Richtung Zühlsdorf. Auf dieser relativ ruhigen Asphaltstraße kommen wir an einer Gaststätte am **Rahmersee** vorbei. Was wir nicht sehen können, ist der See selbst, der rechts hinter der Siedlung liegt. Hier gibt es ebenfalls ein Strandbad.

Vor **Zühlsdorf** überqueren wir die Bahnschienen der Strecke Basdorf-Liebenwalde, und nach der Dorfkirche biegen wir von der Hauptstraße, die nach rechts weiterführt, nach links ab. Wir radeln nun bis zu einem Fahrweg rechts vor einer Trafostation und einem kleinem Recyclingplatz. Er ist bezeichnet mit „*Damsmühler Weg*", was uns zwar geographisch richtig, aber orthographisch falsch auf unser nächstes Ziel hinweist.

Auf diesem Weg fahren wir bis zu einer Kreuzung, wo der Weg geradeaus durch eine Drehschranke gesperrt wird. Diese passieren wir, danach geht es zunächst etwas sandig weiter, aber wenn wir auf eine Art Allee kommen, wird der Weg wesentlich besser.

Ohne abzubiegen fühlen wir uns nach kurzer Zeit an die frühere deutsch-deutsche Grenze versetzt – Stacheldraht und ein Wachturm markiert ein ehemaliges Militärgelände. Danach fahren wir (wie nach dem Gorinsee) geradeaus über eine Lichtung, unter der sich eine Erdgasleitung befindet.

Nach einer Miniabfahrt und über eine Wegkreuzung hinweg geht's auf dem kleinen Weg weiter, wir passieren ehemalige Stacheldrahtsperren und haben dann am Ufer des Mühlenbecker Sees einen wunderschönen Blick auf das **Schloß Dammsmühle**. Dieses erreichen wir schnell, wenn wir den Weg am Ufer weiter nach rechts fahren.

Das idyllisch am See gelegene Schloß hat eine überaus wechselvolle und interessante Geschichte. Schon 1646 stand hier ein Jagdhaus. Einhundert Jahre später wurde hier eine Wassermühle erbaut, die sieben Jahre später P. F. Damm kaufte. Damm beherrschte den Ledermarkt in Berlin, war Hoflieferant von Friedrich II. und alleiniger Belieferer der Armee mit sämtlichen Lederwaren. Er ließ die Mühle zur Walkmühle und um eine Orangerie und Gärtnerei erweitern. Nach dem Tode der Witwe Damms wechselten die Besitzer mehrfach, wurden neue Gebäude errichtet. 1894 übernimmt A. F. Wollank, später einer der wichtigsten privaten „Müllentsorger" Berlins, das mittlerweile heruntergewirtschaftete Anwesen. Er ließ 1896 das bestehende Gutshaus durch einen neobarocken Schloßneubau und einen Turm umgestalten und erweitern. Auch der Park wurde durch Neuanpflanzungen verjüngt. Das Schloß wurde nun Schauplatz

ausschweifenden Lebens mit zahlreichen Festen und Empfängen; auf dem See schwamm sogar ein Tanzpalast im Stil einer indischen Moschee.
Nach dem Tode Wollanks kaufte es der englische Industrielle Harry Goodwin Hart, der mit seiner Frau, die Jüdin war, 1938 aus Deutschland flüchten mußte. Die Nazibehörden entschieden, daß neuer Eigentümer von Dammsmühle der Reichsführer der SS Heinrich Himmler wurde. Aber selbst der Kaufpreis von 445.000,– Reichsmark kam nicht in voller Höhe zur Auszahlung. Daher wurde von Harts Erben der aufgezwungene Kaufvertrag angefochten. Eine rechtsverbindliche Entscheidung darüber wurde bis heute noch nicht getroffen, so daß immer noch die Gemeinde Schönwalde die treuhänderische Verwaltung hat.
Ab 1959 übernahm das Ministerium für Staatssicherheit der DDR das Schloß und nutzte es als Gästehaus.
Jetzt ist Dammsmühle ein Hotel und Restaurant, war aber auch, wie schon für Filmproduktionen in den zwanziger Jahren, 1991 Kulisse der Fernsehserie „Haus am See".
Trotz der Veränderungen strahlt das Schloß, eingebettet in die malerische Umgebung, einen besonderen Hauch Romantik aus. Ein Abstecher hierher lohnt sich zu jeder Jahreszeit!

Vom Schloß aus passieren wir das gußeiserne Tor und fahren auf der Betonstraße nach rechts. Es schließt sich eine Asphaltstraße an, der wir bis zur Straße Schönwalde – Mühlenbeck folgen. Von dort gelangen wir links nach **Schönwalde**.

Zuerst überqueren wir den Bahnübergang am Bahnhof (jetzt Gaststätte) der stillgelegten Strecke der Heidekrautbahn. Sie erhielt nach dem Mauerbau eine neue Streckenführung, die wir anschließend erreichen. Während der alte Bahnhof zwar nicht groß, aber doch ansehnlich ist, erscheint der neue Bahnhof im wahrsten Sinne des Wortes als eine Hütte. (Von hier fährt jede Stunde eine Regionalbahn nach Berlin-Karow).

Weiter geht es dann an einer „Nachwende"-Siedlung mit recht ungewöhnlichen Häusern vorbei. An der kreuzenden Bundesstraße, hier steht eine spätklassizistische Kirche von 1843, radeln wir weiter geradeaus in Richtung **Schönow** auf der neu asphaltierten Straße. Auch wenn diese circa sechs Kilometer lange Strecke nicht mehr so ruhig ist wie bisher, werden wir jedoch durch die Laufruhe des Rades entschädigt. Zumal alle anderen Varianten bis nach Buch auch nicht ideal sind.

Vorbei am **Gorinsee**, von hier könnten wir auch den am Anfang beschriebenen Weg nach Buch benutzen, und einem ehemaligen Truppenübungsgelände kommen wir nach **Schönow**. Ein Stück hinter der alten Dorfkirche (Feldsteinbau des 13. Jahrhunderts) erreichen wir eine Kreuzung und halten uns dort entsprechend der Ausschilderung Zepernick rechts. Jetzt können wir sehr schön den linken Verbundpflaster-Radweg benutzen.

Dort, wo in **Zepernick** die Hauptstraße nach links in Richtung des S-Bahnhofes abbiegt, radeln wir geradeaus in die „*Buchenallee*", an einer neuen Siedlung vorbei. Diese Straße geht dann über in einen Fahrweg, dem wir nun immer geradeaus, über alle Kreuzungen hinweg, folgen.

Bevor die Buchenallee an einer Wegsperre endet, steht rechts eine Hinweistafel von der Naturschutzstation Niederbarnim zur Natur im Niederbarnim. Nach dem Passieren der Wegsperre gelangen wir in ein kleines Naturschutzgebiet, und dahinter stoßen wir auf eine Pflasterstraße, dem uns vom Anfang der Tour schon bekannten „*Röbellweg*". Damit wir aber nun bequemer, jedoch genauso ruhig bis zum Bahnhof Buch fahren können, biegen wir an der Kreuzung nach rechts ab in den „*Horstenweg*", der uns asphaltiert bis zum uns ebenfalls schon bekannten „*Pölnitzweg*" führt. Dort fahren wir nach links, biegen gleich darauf nach rechts ab, also wieder in den „*Röbellweg*", und erreichen dann nach einem Linksschlenker den Bahnhof.

(Auf dem »*Pölnitzweg*« können wir auch unter der Eisenbahnbrücke hindurch und dann rechts den „*Röntgentaler Weg*" unmittelbar dahinter bis zum Bahnhof fahren.)

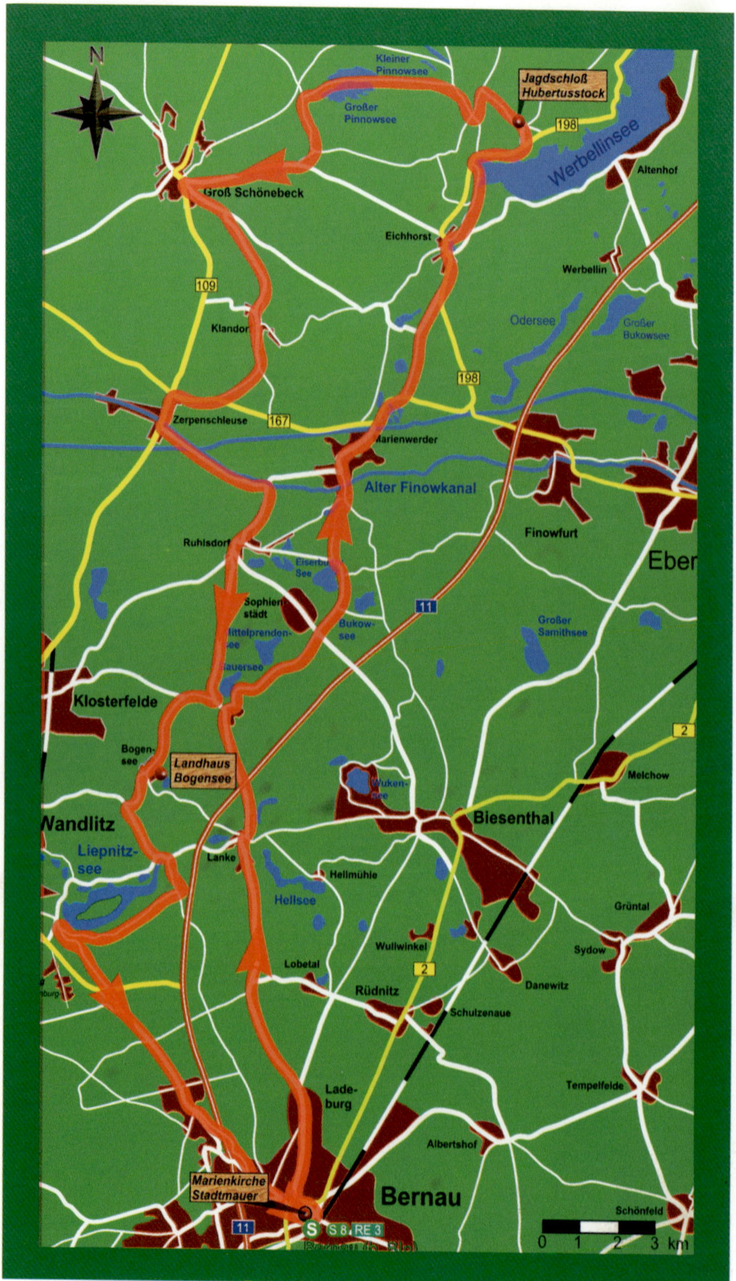

N
Kleiner Pinnowsee
Großer Pinnowsee
Jagdschloß Hubertusstock
198
Werbellinsee
Altenhof
Groß Schönebeck
Eichhorst
Werbellin
109
Odersee
Großer Bukowsee
Klandorf
198
Zerpenschleuse
167
Marienwerder
Alter Finowkanal
Finowfurt
Ruhlsdorf
Eber
Sophienstädt
11
Bukowsee
Großer Samithsee
Klosterfelde
2
Bogensee
Landhaus Bogensee
Melchow
Wukensee
Wandlitz
Biesenthal
Liepnitzsee
Lanke
Hellmühle
Hellsee
Grüntal
Wullwinkel
Sydow
Lobetal
2
Danewitz
Rüdnitz
Schulzenaue
Tempelfelde
Ladeburg
Albertshof
Marienkirche Stadtmauer
Bernau
Schönfeld
11
S 8
RE 3
0 1 2 3 km

Mehr als nur Wald: die Schorfheide

Start und Ziel: Bahnhof Bernau
Streckenlänge: 92 km
Abkürzungen: Zurück mit der Bahn ab Groß Schönebeck oder Ruhlsdorf-Zerpenschleuse.
Von Groß Schönebeck auf der B 109 direkt nach Zerpenschleuse.
Von Prenden über Lanke direkt nach Bernau.
Wegbeschaffenheit: Zum größeren Teil asphaltierte Straßen/Wege, circa 20 km Fahr- oder Wanderwege.
Sehenswertes (Auswahl): Jagdschloß Hubertusstock, Schorfheide-Museum im Schloß Groß Schönebeck, Landhaus Bogensee
Einkehrmöglichkeiten (Auswahl): Marienwerder, Eichhorst, Spring/Werbellinsee, Hubertusstock, Groß Schönebeck, Ruhlsdorf, Bogensee
Übernachtung (Auswahl): Hubertusstock, Groß Schönebeck
Baden: Obersee Lanke, Werbellinsee, Kiesseen bei Ruhlsdorf, Liepnitzsee

Eine Fahrt zum größten zusammenhängenden Waldgebiet Brandenburgs ist zu jeder Jahreszeit lohnenswert – vielleicht aber am schönsten im Herbst, wenn die Laubfärbung die Schorfheide in ihren schönsten Farben erstrahlen läßt. Dieser Glanz läßt auch die weniger rühmlichen Zeiten in den Hintergrund treten, denn bis in die jüngste Vergangenheit hinein war die Schorfheide eifersüchtig gehütetes „herrschaftliches" Jagdgebiet, hortete hier im „Dritten Reich" Hermann Göring aus aller Welt zusammengeraubte Kunstschätze.

Im wahrsten Sinne des Wortes er-fahren wir aber auch einiges über das zweitgrößte Biosphärenreservat der Bundesrepublik, dem die Schorfheide den einen Teil seines Namens gegeben hat.

Diese Tour bietet sich ausgezeichnet für eine Wochenendfahrt an. Dann kann die Fahrt durch die Schorfheide auch noch ausgedehnt werden. Für eine Gruppenfahrt ist zu empfehlen, die Unterstützung der Naturwacht in Anspruch zu nehmen. Zum einen kann man sich dabei besser mit Sehens- und Wissenswertem vertraut machen, zum anderen ist dann die Fahrt zwischen Hubertusstock und den Pinnower Seen durch ein sensibles Naturschutzgebiet mit einer großen „Meute" nicht so problematisch.

Von Bahnhofsvorplatz fahren wir zunächst auf die *„Breitscheidstraße"*, dort nach rechts und an der Ampel nach links in die *„Börnicker Straße"*. Von dort geht es dann weiter bis zur nächsten Ampelkreuzung. Hier fahren wir nach links auf die Bundesstraße und kurz danach am Abzweig **„Lanke/Ladeburg"** nach rechts.

Wir radeln nun zunächst nach **Ladeburg**, wo uns eine der beliebten Kopfsteinpflaster-Ortsdurchfahrten erwartet. Allerdings können wir wenigstens den Weg entlang der Straße benutzen, obgleich dieser sandig und daher alles andere als optimal ist. Aber vielleicht ändert sich dies, wenn quer durch den Ort, wie geplant, die Umgehungsstraße der B 2 gelegt wird.

Noch zu erwähnen vom Ort ist die Feldsteinkirche (im Kern mittelalterlich, im 19. Jahrhundert umfassend verändert).

Ab dem Ortsausgang wird die Straße wesentlich besser, und wir können nun relativ ruhig und entlang eines Endmoränenzuges bis **Lanke** radeln. Hinter dem Ortseingang geht es zunächst acht Prozent bergab in die eiszeitliche Schmelzwasserrinne, in der Lanke und die angrenzende Seenkette (unter anderem Liepnitz-, Ober- und Hellsee) liegen.

Wir folgen nun der Hauptstraße, fahren am ehemaligen Schloß vorüber (siehe Tour 4, S. 51) also zunächst nach rechts und dann nach links acht Prozent bergauf. Wenn wir keinen Fehler gemacht haben, lesen wir am Ortsausgangsschild den Namen des nächsten Ziels **„Prenden"**. Ansonsten müssen wir wieder zurück …

Nachdem wir die Autobahn unterquert haben, erreichen wir nach einer relativ ruhigen Fahrt den sehr schön zwischen zwei Seen in einer eiszeitlichen Rinne gelegenen Ort (siehe Tour 3, S. 45).

Dort wo die Hauptstraße im Ort scharf nach links abbiegt, fahren wir weiter geradeaus auf die schmale Asphaltstraße, der wir auch an der nächsten Gabelung nach rechts folgen (Straßenschild „Am Bauersee", Wegweiser „Marienwerder"), wo wir allerdings einen kleinen giftigen Anstieg bezwingen müssen. Ein Blick zurück auf Prenden lohnt sich trotzdem!

Nach schöner Fahrt oberhalb des **Mittelprendener Sees**, der aber nur zu erahnen ist, stoßen wir auf die breitere Straße Sophienstädt-Biesenthal, die wir geradeaus überqueren. Weiter geht es auf dem breiten Forstfahrweg, an der Försterei „Eiserbude/Schwärze" (hier beginnt ein Forstlehrpfad) einige Zeit später vorbei und über eine kleine Holzbrücke. Links sehen wir den **Eiserbuder See** durch die Bäume schimmern.

An der Wegekreuzung halten wir uns weiter geradeaus und bleiben auch an dem See auf dem Fahrweg. Am Ortsrand von **Marienwerder** kommen wir auf eine Kopfsteinpflasterstraße mit Randstreifen, was sich so fast durch den ganzen Ort ziehen wird. Wir überqueren den **Finowkanal** und sehen rechts die Gaststätte „Zum Goldenen Anker", deren Name auf die frühere wirtschaftliche Bedeutung der Schiffahrt hinweist.

Der Ort, der schon am Rande der Schorfheide liegt, entstand 1754/55 allerdings als Spinnerdorf. Im Auftrag Friedrich II. wurden 25 Kolonisten-Doppelhäuser errichtet.

An der 150 Jahre alten Kirche vorbei folgen wir später der Hauptstraße nach rechts, die kurz darauf asphaltiert ist. Wir überqueren den **Oder-Havel-Kanal** und befinden uns nun an der Grenze zum **Biosphärenreservat Schorfheide-Chorin**.

Biosphärenreservate sind Bestandteile eines im Rahmen des UNESCO-Programms „Der Mensch und die Biosphäre" international angelegten Netzes großflächiger Schutzgebiete. Sie dienen nicht nur dem Schutz von Pflanzen und Tieren, sondern ebenso der traditionellen, schonenden Nutzung der Landschaft. Das Biosphärenreservat Schorfheide-Chorin ist mit einer Fläche von 1292 Quadratkilometern nach dem Wattenmeer das zweitgrößte in Deutschland. Es wurde neben weiteren ostdeutschen Großschutzgebieten in den Jahren 1989/90 vorgeschlagen und erhielt durch eine Verordnung vom 12.9.90 der letzten DDR-Regierung eine Rechtsgrundlage sowie im November 1990 durch die UNESCO die internationale Anerkennung.
Das Biosphärenreservat erstreckt sich links und rechts der Autobahn Berlin – Prenzlau zwischen Templin und Angermünde, die aber nicht im Schutzgebiet liegen. Im Norden schließt es den Oberuckersee südlich von Prenzlau ein und im Süden das Niederoderbruch.
Das Biosphärenreservat ist mit 35000 Einwohnern, das sind 28 pro Quadratkilometer, eines der dünnbesiedeltsten Gebiete Deutschlands.
Das abwechslungsreiche Landschaftsrelief wurde vor allem durch die Weichsel-Kaltzeit geprägt, hier findet man geradezu klassische Beispiele glazialer Serien, wie im Gebiet des Chori-

ner Endmoränenbogens. Das Reservat ist außerdem reich an Mooren und Seen.
Ebenso vielfältig ist die Flora und Fauna, darunter befinden sich viele Pflanzen und Tiere, die auf der Roten Liste der vom Aussterben bedrohten Arten stehen. Fast die Hälfte des Reservates ist mit Wald bedeckt. Ursprünglich waren es Mischwälder, jetzt dominiert die Kiefer, die zu Beginn des 19. Jahrhunderts intensiv angebaut wurde, um den Bedarf der sich entwickelnden Industrie zu decken. Dennoch haben die Laubgehölze noch einen Anteil von rund 35 Prozent.
Im Biosphärenreservat gibt es drei Schutzzonenkategorien: Kernzonen (Schutzzone I, Totalreservate), Pflegezonen (II, Naturschutzgebiete) und Entwicklungszonen (III, Landschaftsschutzgebiete).
Für den Wanderer und natürlich auch für den Radler sind die Kernzonen tabu. Aber auch in den Pflegezonen dürfen die öffentlichen Wege nicht verlassen werden, ist Feuermachen, Baden und Angeln verboten.

Kurze Zeit später erreichen wir die B 167 und radeln auf dieser nach rechts an Fischteichen vorbei. Danach folgt ein kurzer Anstieg, und nachdem wir diesen überwunden haben, sehen wir links einen Weg abzweigen, der mit einem grünen Strich gekennzeichnet ist. Diesem folgen wir nun, bis wir geradeaus auf eine schmale Asphaltstraße fahren (links ist der kleine Ort Rosenbeck zu sehen). Wir erreichen nach kurzer Zeit die B 198 und radeln auf dieser fast geradeaus nach **Eichhorst** weiter. Hier überqueren wir den Werbellinkanal.

Noch vor der Brücke zweigt von der Bundesstraße rechts ein Asphaltsträßchen ab. Hier bestünde die Möglichkeit, nach **Altenhof** zu fahren und dann weiter in Richtung Joachimsthal. Zurück auf der B 198 hätte man dann den Werbellinsee auf befestigten Straßen verhältnismäßig ruhig umrundet.

Wir aber überqueren die Brücke. Hinter ihr steht links eine 600 Jahre alte Eiche. Ein Stück später fahren wir am Kanal weiter geradeaus, biegen also nicht mit der Hauptstraße nach links ab. Der sehr schöne Uferweg führt uns an der Schleuse vorbei, und etwas später erreichen wir einen Hügel mit einem Aussichtsturm.

Es ist der Schloßberg mit dem „Askanierturm". Er wurde 1879 zur Erinnerung an die Askanierburg Werbellin eingeweiht, die hier von 1247 bis 1350 stand.
Eine Rekonstruktion des Turmes und des Schloßberges erfolgte 1991, bei der man auch eine Hinweistafel aufstellte.

TOUR 2

Wir radeln nun den Weg am Kanal bis zu seinem Ende weiter und stehen dann an der Südspitze des **Werbellinsee**. Von hier aus haben wir einen schönen Blick auf die Längsseite des Sees und das Hochufer beim „Spring" (zu dem wir danach hinfahren) an der linken Seite. Wenn nicht allzuviel Leute unterwegs sind, ist diese Stelle auch ein hübscher Rastpunkt, vorausgesetzt, wir sind nur allein oder mit einer Minigruppe auf Tour.

Wir radeln zum Schloßberg zurück, biegen dahinter rechts ab, stoßen auf einen Fahrweg und folgen diesem nach rechts bis zur Bundesstraße. Auf dieser geht es nur wenige hundert Meter weiter, bis wir zum „Spring" abbiegen. Hier befinden sich eine Gaststätte, ein sehr schöner, aber mitunter nicht ganz so ruhiger Rastplatz,

Herrlicher Mischwald mit uralten Bäumen ist charakteristisch für die Schorfheide

eine Badestelle und ein Zeltplatz (dahinter). Sicher hat man von diesem Hochufer einen der schönsten Blicke auf und über den Werbellinsee.

Der **Werbellinsee** ist einer der schönsten Seen in Brandenburg. Den Reiz des Sees machen aber nicht einzelne Faktoren aus, sondern das Zusammenwirken aller: die herrliche Lage, die umliegenden Wälder, das recht klare Wasser, der wertvolle Fischbestand und die artenreiche Vogelwelt. Er ist über 10 Kilometer lang, zumeist etwa einen Kilometer breit und fast bis zu 60 Meter tief.

Wir radeln nun zurück auf die Bundesstraße, auf dieser ein Stück nach rechts und biegen zum Jagdschloß Hubertusstock nach links auf die asphaltierte Straße ab, das wir nach einem großen schmiedeeisernen Tor erreichen.

Das **Jagdhaus Hubertusstock**, etwas hochtrabend „Jagdschloß" genannt, wurde 1847/49 auf Veranlassung König Friedrich Wilhelm IV. im bayerische Stil errichtet. Das Original wurde in den 70er Jahren dieses Jahrhunderts abgerissen und, mit weniger Zierat versehen, wieder aufgebaut. Jetzt ist es Hotel und Restaurant, in seinen Außenanlagen gibt es neben schönen alten Eichen auch ein Tiergehege.
Das Jagdschloß war, bis auf zeitliche Unterbrechungen, vor allem Jagddomizil, Sommersitz und Gästehaus für die wechselnden Landesherren und ihre Besucher. So hielten sich hier Könige, Kaiser, Reichskanzler, Ministerpräsidenten, Staatsratsvorsitzende, Generalsekretäre und Bundeskanzler auf. Jedoch begann die „herrschaftliche" Jagd in der Schorfheide schon vor 700 Jahren. Zu diesem Zweck wurden bis ins 20. Jahrhundert hinein Jagdschlösser oder Jagdsitze gebaut, vom 16. bis zum 20. Jahrhundert riesige Wildgatter errichtet und im 18., vor allem aber im 20. Jahrhundert jagdbare Tiere angesiedelt. Welche Auswüchse die Jagd zu Zeiten Kaiser Wilhelm II. angenommen hatte, kann annähernd auf dem Gedenkstein-Wanderweg (mit „G" gekennzeichnet) erfahren werden.
Ob diese Zeiten nun endgültig vorüber sind? Die Jagd geht jedenfalls weiter …
Aber die Schorfheide besitzt viel mehr erfreulichere Seiten, sie

nimmt fast ein Drittel des Biosphärenreservates ein und hat eine sehr abwechslungsreiche Landschaft mit einer vielfältigen Tier- und Pflanzenwelt, die sich in den zahlreichen Naturschutzgebieten und Totalreservaten ungestört entwickeln kann. Viele selten gewordene Vogelarten leben hier, wie Fisch- und Seeadler, Schwarzstorch und Kranich.
Heute bezeichnet man mit Schorfheide ungefähr das Gebiet zwischen der Havelniederung bei Zehdenick im Westen, der Autobahn im Osten, den Ackerflächen der mittleren Uckermark im Norden und dem Finowkanal im Süden. Über die Herkunft des Namens herrscht keine völlige Klarheit, lediglich „Heide" ist bestimmt als „Wald". Schafe („Schoofe"), die hier im 18. Jahrhundert in großer Zahl weideten, könnten die Namensgeber sein, aber auch die Herleitung von „Schürfen", Aufsammeln von Eicheln vom Waldboden, wäre denkbar.
Als Radler werden wir sowohl für die schöne Landschaft und Natur mit wunderbaren alten Eichen, Buchen und Kiefern als auch für die Ruhe dankbar sein, die uns abseits der Hauptattraktionen Hubertusstock und Werbellinsee empfängt. Wir sollten aber auf unserer Fahrt durch das nun folgende Naturschutzgebiet diese Ruhe nicht stören.

Vom Jagdschloß aus fahren wir unmittelbar hinter dem Tor nach rechts auf den Gedenkstein-Wanderweg, der mit einem „G" gekennzeichnet ist. Auf diesem bleiben wir zunächst, auch an der nächsten Gabelung, wo wir uns links halten. Nach einem kleinen Anstieg radeln wir auf einem alleeartigen Fahrweg, wobei wir uns nicht davon irritieren lassen, daß das „G" manchmal abzweigt und wieder zurück kommt. Wir gelangen an eine Kreuzung mit einem weiteren Fahrweg, wir folgen dem „G" nicht nach rechts, sondern biegen nach links ab. Nach einigem Auf und Ab stoßen wir auf eine Pflasterstraße, auf der wir ein Stück nach rechts, an alten Eichen vorbei, fahren. Bevor die Straße in eine Senke führt, biegen wir von ihr schräg nach links vorn ab. Zur Orientierung, ob wir richtig sind: wenn ja, dann sehen wir kurz nach dem Abzweig auf unserem Weg ein Jagenstein mit den Nummern 139, 140 und 145. Auf diesem schönen Fahrweg rollen wir nun (zum Teil erheblich) bergauf, bergab und erreichen eine kleine Wegkreuzung mit dem Jagenstein 144/143.

Hier dürfen wir auf keinen Fall den links, etwas abseits vom

Weg, stehenden Baum übersehen. Es ist eine über 200 Jahre alte Buche, die sehr stark verästelt ist – ein beeindruckendes Naturdenkmal!

Weiter auf dem Weg und nach einer flotten Abfahrt erreichen wir eine Weggabelung, an der wir voraus schon den Kleinen Pinnowsee erblicken können. Hier radeln wir zunächst nach links und dann rechts an einem Drahtzaun entlang. Später können wir links auch den Großen Pinnowsee sehen, und zwischen den beiden Seen führt nun der Weg weiter.

Daß es hier eine vielfältige Tierwelt gibt, können wir durch die vielen Vogelstimmen hören, aber auch an den umgenagten Bäumen entlang des Weges erkennen. Allerdings werden wir die Verursacher wohl kaum zu Gesicht bekommen. Die Vorfahren der hier lebenden Elbebiber wurden 1938 angesiedelt.

Wir fahren über eine „Waschbrett"-Brücke und haben dann die Möglichkeit, links auf einem Weg an das Ufer des **Großen Pinnowsees** heranzugehen. Allerdings sollten wir unbedingt beachten, daß wir uns in einem sensiblen Naturschutzgebiet befinden!

Weiter auf dem Weg zwischen den Pinnowseen gelangen wir an eine Wegkreuzung, wo wir nach rechts auf den Fahrweg abbiegen, der kurz darauf in eine Kopfsteinpflasterstraße mit Randstreifen übergeht, der wir nach links folgen.

Die Häuser, die wir jetzt sehen, gehörten bis 1989 zum privaten Jagdsitz „Wildfang" Erich Honeckers. Jetzt befindet sich hier ein Stützpunkt der Naturwacht des Biosphärenreservates, die auch Gruppenführungen zu Fuß oder mit dem Rad organisiert. Adressen und Telefonnumern der Verwaltung und der Naturwacht des Reservats können dem Anhang entnommen werden.

Die gepflasterte Straße geht bald in einen Fahrweg über, und nach einiger Zeit erreichen wir die Straße Eichhorst – Groß Schönebeck. Auf dieser fahren wir nach rechts. Bald kann unser Blick wieder weit über die hügelige Landschaft schweifen – ein schöner Kontrast zum zurückliegenden Streckenabschnitt.

Hinter dem Ortseingang von **Groß Schönebeck**, „Tor zur Schorfheide" genannt, biegen wir nach links ab zum Bahnhof.

Wer noch etwas für seine Bildung tun möchte oder ganz einfach Hunger hat, fährt noch nicht zum Bahnhof, sondern weiter geradeaus auf der *„Eichhorster Straße"* in Richtung Ortsmitte. Wenn wir die B 109 überqueren, kommen wir kurz danach zum Jagdschloß.
Der zweigeschossige Putzbau mit Zeltdach und mittlerem Dachturm entstand ab 1660 durch Veranlassung des Großen Kurfürsten auf den Resten einer Askanierburg. In der ersten Hälfte des 19. Jahrhunderts wurde das Schloß erneuert und mit gotisierenden Elementen geschmückt.
Heute beherbergt es zusammen mit der Pfarr- und Jägerscheune das Schorfheide-Museum, das 1991 als Informationszentrum des Biosphärenreservates eingerichtet wurde.
(*Öffnungszeiten:* Mittwoch-Freitag 12–16 Uhr, Wochenende 10–16 Uhr; Mai-September jeweils bis 17 Uhr).
Die ebenfalls sehenswerte Dorfkirche wurde 1664/73 erbaut, deren massiger Feldsteinturm entstammt dem späten 14. Jahrhundert.
Wer noch etwas „Luft" hat oder hier die Tour unterbrechen/ beenden möchte, kann außerdem den Wildpark besuchen, der nordöstlich am Ortsausgang Richtung Prenzlau liegt.
Nach den Besichtigungen fahren wir zur Fortsetzung der Tour die *„Eichhorster Straße"* zurück und biegen nach rechts ab zum Bahnhof.

Von der Straße am Bahnhof radeln wir nach rechts und gleich wieder nach links in die *„Rosenbecker Straße"*. Nur ein kurzes Stück müssen wir noch über Kopfsteine hoppeln, dann ist die Straße wieder asphaltiert. Wir überqueren die Bahnschienen, und nun geht es wunderbar ruhig weiter auf der schmalen Straße bis zu einer Gabelung. Hier fahren wir nach rechts bis **Klandorf**.

An der Kreuzung biegen wir links ab und radeln nun durch dieses beschauliche, typisch brandenburgische Straßendorf. Am Ortsausgang endet der Asphalt, und es geht auf einem, unter Umständen recht sandigen, Fahrweg weiter. An der nächsten Gabelung halten wir uns rechts, und im weiteren Verlauf stoßen wir auf die B 167. Wir überqueren auf dieser den Bahnübergang rechts und fahren weiter auf Kleinpflaster bis zur Kreuzung mit der B 109. Hier radeln wir nach links bis zum „Langen Trödel", einem stillgelegten Abschnitt des Finowkanals.

Zerpenschleuse, eines der am besten erhaltenen Schifferdörfer der Region, liegt an der Kreuzung zwischen Oder-Havel-Kanal und Finowkanal (siehe hierzu auch Tour 6, S. 71ff.). Letzterer wurde mit der Fertigstellung des Oder-Havel-Kanals zwischen Zerpenschleuse und Liebenwalde nicht mehr benötigt und am östlichen Ortsrand unterbrochen. Die Übergänge schüttete man zu, und so entstand ein stehendes Gewässer.
Die historischen Schifferhäuser am Kanal sind vor allem westlich der Bundesstraße zu finden.

Unmittelbar hinter dem *„Langen Trödel"* biegen wir nach links ab und fahren nun an dessen südlichem Ufer weiter. Hier erwartet uns zwar Kopfsteinpflaster, dem wir aber auf dem Rand, zum Teil auch auf dem Plattenweg entgehen können. An einer Gabelung halten wir uns rechts und rollen bald auf einer Brücke über den **Oder-Havel-Kanal**. Östlich der Brücke sehen wir die Kreuzung zwischen beiden genannten Kanälen. Nun radeln wir nach links auf der parallel zum Finowkanal verlaufenden, gut zu befahrenden Asphaltstraße.

Bis **Ruhlsdorf** bleiben wir jetzt auf der Hauptstraße.

An der 1775 erbauten Kirche sind zwei Dinge vor allem bemerkenswert: der mit reichem Schnitzwerk versehene Kanzelaltar aus dem frühen 18. Jahrhundert und die Kirchturmuhr, die nur einen Zeiger hat. Bekannt ist Ruhlsdorf durch seine vielen schönen Seen (in Richtung Sophienstädt). Insbesondere durch den Kiesabbau entstanden und entstehen viele klare Badeseen, dadurch wird das Gebiet um Ruhlsdorf als „Land der wachsenden Wasser" bezeichnet. Hier befindet sich unter anderem ein Feriendorf und ein Campingplatz.

An der T-Kreuzung im Dorf geht es nach rechts in Richtung Prenden/Bernau weiter. In **Prenden** folgen wir dem Abzweig rechts nach **„Klosterfelde"**.

Auf dieser Pflasterstraße müssen wir uns nun bergan kämpfen. Allerdings geht es bald auf Asphalt weiter, worauf wir noch circa 200 Meter rollen und dann links in die für den öffentlichen Verkehr und mit einer Drehschranke gesperrte Straße einbiegen, die ebenfalls asphaltiert ist.

Wir radeln nun sehr schön durch die Bogenheide und kommen

dann durch eine Tür neben einem Tor auf das Gelände des Internationalen Bildungs-Centrums (IBC).

Wenn wir es etwas eiliger haben, dann fahren wir die Betriebsstraße, von zwei Schlenkern abgesehen, im wesentlichen geradaus und verlassen dann das IBC auf einer etwas breiteren, jedoch immer noch sehr ruhigen Straße.

Oder wir fahren im IBC auf den großen Platz, drehen dort eine halbe Runde, und kommen dann am Landhaus Bogensee an. Von dort fahren wir auf der Asphaltstraße bis zum Ausgang.

Nähere Informationen zum IBC und zum Landhaus Bogensee kann man der Beschreibung der Tour 3, S. 44f. entnehmen. Die dort gefahrene Strecke bis Prenden ist mit dieser Tour identisch, aber in umgekehrter Richtung.

Die Straße führt uns dann bis zu einer abbiegenden Hauptstraße, der wir rechts nach **„Ützdorf“** folgen. In den kleinen Ort rollen wir bergab und kommen dabei an einer Gaststätte und der Jugendherberge vorbei. Die Straße biegt nun nach links ab, wir radeln aber, an der Drehschranke vorbei, weiter geradeaus auf dem schmalen Asphaltband. Es erwartet uns ein kleiner Anstieg aus der eiszeitlichen Schmelzwasserrinne, in dem Ützdorf und die Seenkette mit Liepnitzsee rechts und Obersee links liegen.

Nachdem die Steigung im wesentlichen nachgelassen hat, biegen wir nach rechts auf den anderen Asphaltweg ein. (Durch Forstarbeiten kann es manchmal sein, daß der Asphalt durch Sand überdeckt und daher kaum noch zu erkennen ist.)

Wir haben nun eine sehr schöne, aber ständig bergauf und bergab führende Strecke vor uns; den Liepnitzsee können wir zunächst nur erahnen. Nach einiger Zeit stoßen wir im spitzen Winkel auf ein weiteres Asphaltband, auf dem wir nach links radeln. Kurz davor haben wir aber doch noch auf den See schauen können.

Die nun folgende Strecke ist immer noch sehr schön, aber nun nicht mehr so hügelig. Nachdem wir die B 273 unterquert haben, erreichen wir die Straße nach Bernau, wo es nach links weitergeht.

Hier haben wir zwei Möglichkeiten: Entweder wir fahren auf der Straße, oder wir benutzen den unbefestigten Weg an der linken Seite. Dieser ist (auch) als Radwanderweg markiert, aber nicht durch das entsprechende StVO-Schild zur Pflichtbenutzung erhoben. Wie man sich entscheidet, hängt sehr maßgeblich auch vom Wetter ab: bei langer Trockenheit oder nach ergiebigen Regenfällen ist der Weg nicht zu empfehlen.

Nach einiger Zeit (Details, wie schon erwähnt, bei der Tour 3) kommen wir zur Brücke über die Autobahn. Schon davor sollten wir jetzt doch auf den Radweg wechseln – er ist jetzt betoniert, später asphaltiert, und bietet für die letzten Kilometer mehr Ruhe.

Wir radeln weiter nach Bernau, bis wir die Ampelkreuzung mit der B 2 erreichen. Hier biegen wir nach links ab, fahren bis zur nächsten Ampelkreuzung und dort rechts weiter.

An der Kreuzung mit der *„Hussitenstraße"*, radeln wir nach rechts auf das alte Stadttor zu. Nach dem Abbiegen auf die *„Bahnhofstraße"* links haben wir den Ausgangs- und Endpunkt der Tour erreicht.

Geheimtip Buckowsee

Start und Ziel: Bahnhof Bernau
Streckenlänge: 47 km
Abkürzungen: Von Bernau nach Prenden über Lanke (wie Tour 2). Von Biesenthal zurück mit dem Zug.
Wegbeschaffenheit: Bis zum Buckowsee überwiegend asphaltierte Straßen/Wege, dann zumeist Fahr- oder Wanderwege.
Sehenswertes (Auswahl): Ehemalige Gewerkschafts-Bundesschule, Landhaus Bogensee, Lehrpfad Langerönner Mühle
Einkehrmöglichkeiten (Auswahl): Bogensee, Biesenthal, Lobetal
Baden: Liepnitzsee, Buckowsee

Mit der Vergabe des Prädikats „Geheimtip" sollte man eigentlich vorsichtig sein: es gibt zum einen so viele davon, zum anderen ist er eigentlich schon keiner mehr, wenn er nur oft genug als solcher deklariert wurde/wird.

Dennoch kann man den Buckowsee bei Sophienstädt (!) getrost als Geheimtip für ein schönes, ungetrübtes und ungestörtes Badeerlebnis bezeichnen.

Darüber hinaus gibt es aber auch genug Entdeckenswertes aus Architektur und Natur.

Und all das können wir auf einer wunderbar ruhigen Strecke erleben.

★

Bis zum **Liepnitzsee** ist die Strecke eigentlich als Rad- und Wanderweg ausgeschildert, die Schilder sind aber nicht immer leicht zu entdecken.

Vom Bahnhofsvorplatz fahren wir zunächst bis zur *„Breitscheidstraße"* und auf dieser nach links. Unmittelbar danach biegen wir nach rechts in die *„Goethestraße"* ein. An deren Ende radeln wir ein Stück nach links und biegen in die zweite Querstraße nach rechts, in die *„Bürgermeisterstraße"*, ein. Von dort geht es dann weiter geradeaus, an der Marienkirche vorbei, bis wir an die Ampelkreuzung mit der B 2 gelangen. Links vor uns sehen wir das neue Gymnasium. Wir überqueren die Bundesstraße geradeaus und fahren am alten St.-Georgen-Hospital vorbei.

Ab hier beginnt auch der neue Radweg, der uns entlang der Straße zur Autobahn und nach Wandlitz wesentlich ruhiger fahren läßt.

Vor der Autobahn führt der jetzt betonierte Radweg von der Straße weg, kommt aber danach wieder zurück. In etwas älteren Karten ist dieser Weg als die einzige direkte Verbindung über die Autobahn nach Wandlitz eingezeichnet. Die Straßenbrücke ist erst in den letzten Jahren wieder neu errichtet worden.

Leider ist der Weg ab hier nicht mehr befestigt, so daß er gerade in Trockenperioden oder nach längeren Regenfällen nicht unbedingt empfehlenswert ist. Glücklicherweise ist es kein Radweg gemäß StVO, so daß wir legal auch auf der nicht allzu stark befahrenen Straße radeln dürfen.

Ein Stück hinter einer Gaststätte zweigt eine Straße nach rechts ab zur ehemaligen Bundesschule des Allgemeinen Gewerkschaftsbundes und jetzigen Fachhochschule für öffentliche Verwaltung des Landes Brandenburg. Ein Abstecher dorthin lohnt sich für Architekturinteressierte unbedingt.

Sie wurde 1928 bis 1930 nach einem Entwurf von Hannes Meyer, dem Direktor des Dessauer Bauhauses, erbaut. Dabei entstand ein Musterkomplex von Lehr-, Wohn- und Wirtschaftsgebäuden in Stahlbetonbauweise mit gelbem Klinkerverblendmauerwerk. In den 50er – mit dem Ausbau zur Gewerkschaftshochschule – und den 60er Jahren erfolgten Veränderungen und Erweiterungen, die das ursprüngliche Ensemble leider beeinträchtigten. Nach 1990 wurden Rekonstruktionen vorgenommen, um zumindest teilweise den Originalzustand wiederherzustellen. (*Öffnungszeiten* der Ausstellung: Montag-Freitag 8-16 Uhr, sonst nach telefonischer Anmeldung unter 03338/ 76 91 22)

Zur Fortsetzung der Tour geht es zurück zur Straße nach Wandlitz und dort rechts weiter.

Straße im Oberbarnim

Wir fahren bis zu einem Parkplatz auf der rechten Seite von dem ein schmaler Betonweg abzweigt (Wanderwegausschilderung „Wandlitz/Liepnitzsee"). Auf diesem unterqueren wir die B 273 und fahren dann weiter auf einem Asphaltweg. Nach schöner Fahrt durch den Wald sehen wir den **Liepnitzsee** durch die Bäume schimmern und biegen nun scharf nach rechts ab auf den asphaltierten Weg, der mit „Jugendherberge Ützdorf" ausgeschildert ist. Auf diesem fahren wir nun durch ein sehr abwechslunsgreiches Waldstück.

Überhaupt gehören die asphaltierten Wege rund um den Liepnitzsee zu den schönsten Strecken, die die nordöstliche Umgebung von Berlin zu bieten hat. Nähere Informationen zum Liepnitzsee enthält die Beschreibung zur Tour 4.

Wir stoßen dann im rechten Winkel auf ein anderes schmales Asphaltband und fahren auf diesem nach links und bergab bis nach Ützdorf. Weiter geht es dann geradeaus und nun bergauf auf der Straße, vorbei an der Jugendherberge und einer Gaststätte, die trotz ihrer Lage an der, allerdings ruhigen, Straße sehr idyllisch liegen.

Die Hauptstraße schwenkt nach einiger Zeit nach links ab, wir aber radeln nach rechts **(„Bogensee")**. Nach kurzer Fahrt, zumeist bergab, erreichen wir die Einfahrt des Internationalen Bildungs-Centrums (IBC) Bogensee und biegen nach der Einfahrt rechts ab zum Landhaus Bogensee, zu dem wir auf einer Asphaltstraße gelangen.

(Wer den direkten Weg durch das IBC nehmen will, der folge nach der Einfahrt zum IBC der Hauptstraße mit Kleinpflaster geradeaus, fahre auf der Asphaltstraße am Heizhaus vorbei und weiter durch die Tür neben dem verschlossenen Tor.)

In dem idyllischen Waldgebiet und am Randes des Bogensees ließ sich in den 30er Jahren Reichsprogandaminister Goebbels das Landhaus mit zwei Seitenflügeln im englischen Stil erbauen. Jetzt befindet sich hier unter anderem eine Gaststätte.
Ab 1951 entstand hier eine kleine „Stadt", die bis Anfang 1990 die Jugendhochschule des Zentralrats der Freien Deutschen Jugend beherbergte. Mit seinen, um einen größeren begrünten Platz und eine mehrstufige Terasse gruppierten mehrstöckigen Wohn-, Lehr- und Tagungsgebäuden ist der zentrale Bereich in

dem weitläufigen Gelände durchaus bemerkenswert und gibt sehr gut den Baustil jener Zeit in der DDR und anderen sozialistischen Staaten wieder.
Heute ist der Komplex ein modernes Tagungs- und Kongreßhotel.

Vom Landhaus Bogensee fahren wir zu dem größeren Platz (hinter der Drehschranke), drehen dort eine halbe Runde gegen den Uhrzeigersinn und biegen dann zweimal nach rechts ab. Weiter geht es auf der Asphaltsstraße leicht bergauf, am Heizhaus vorbei und dann geradeaus zu einem Tor, daß wir durch die Tür daneben passieren.

Dahinter erwartet uns eine herrlich ruhige, weil gesperrte, und zugleich ausgezeichnet befahrbare Asphaltstraße durch die Bogenheide. An deren Ende stoßen wir hinter einer Drehschranke auf eine „öffentliche" Straße, die uns, nachdem wir rechts abgebogen sind, bergab nach Prenden führt, leider auf Kopfsteinplaster. An der Kreuzung im Ort biegen wir zunächst nach rechts ab.

Prenden liegt sehr schön zwischen einer Kette eiszeitlich entstandener Rinnenseen.
Die Kirche aus dem 17. Jahrhundert fällt vor allem durch ihren ungewöhnlichen Fachwerkturm von 1704 auf. Interessant im Innern ist der hölzerne Altaraufsatz aus dem Jahre 1611.

Dort, wo die Hauptstraße nach rechts abbiegt, fahren wir nach links auf die Asphaltstraße, und bleiben auf dieser auch nach der nächsten Gabelung. Sie heißt hier *„Am Bauersee"* und führt einen giftigen Stich bergauf; die Wanderwegauschilderung **„Buckowsee"** weist uns schon auf unser nächstes Zwischenziel hin.

Auf der Straße gelangen wir, vorbei an Kleingartensiedlungen entlang der Seenkette links, bis zur Straße Sophienstädt – Biesenthal, die wir geradaus überqueren. Weiter geht es dann auf dem breiten Fahrweg, bis zu einem Waldparkplatz. Dort biegen wir nach rechts ab und passieren dabei eine Drehschranke.

Auf dem nächsten Abschnitt müssen wir nun gut aufpassen, allerdings nicht so sehr wegen des Untergrundes, der ist trotz einiger sandiger Stellen akzeptabel. Vielmehr ist der nächste Abzweig nicht so leicht zu finden, weil er nicht ausgeschildert ist. Wir können uns aber an den Jagensteinen orientieren.

Der für uns wichtigste Stein ist der mit den Nummern 205/165/164 auf einer kleinen Kuppe mit einer Wegkreuzung. Hier, wie auch an der nächsten Kreuzung biegen wir aber noch nicht ab, sondern benutzen erst den darauf folgenden Abzweig links (eigentlich dem einzigen, der auf dieser Seite schräg nach vorn wegführt).

Auf diesem Weg bleiben wir nun bis zum **Buckowsee** mit einer kleinen, für eine Rast aber ausreichenden Badestelle.

Der See hat keinen Ab- und, was für den Badefreund noch wichtiger ist, keinen Zufluß. Daher ist er auch entschieden sauberer als die umliegenden, wie der Eiserbuder See.
Eine ausgebaute, breite Badestelle wird man hier allerdings vergeblich suchen. Jedoch machen ihn sein klares Wasser, die schöne waldreiche Umgebung und, das wichtigste, die herrliche Ruhe zu einem Kleinod im Landschaftsschutzgebiet Wandlitz-Biesenthal-Prendener-Seengebiet.
In seiner Umgebung wurden Ende des 19. und Anfang des 20. Jahrhunderts zu Versuchszwecken fremdartige Gehölze eingegliedert, wie Coloradotanne, Zuckerbirke, Douglasie und Zypresse. Später wurden ein Lehrpfad angelegt und Hinweistafeln aufgestellt, die jetzt aber entweder in schlechtem Zustand oder nicht mehr zu finden sind.

Weiter geht es nun auf dem Wanderweg, bis wir im spitzen Winkel auf einen breiteren Fahrweg stoßen. Auf diesem fahren wir nun nach rechts und überqueren die Autobahn.

Hinter der Brücke kann der Weg recht anstrengend werden, wenn ihn eine lange Trockenperiode, mittlerweile ja überhaupt nicht mehr so selten, stellenweise zum großen „Buddelkasten“ werden läßt. Kein Wunder, gibt es hier am Niederungsgebiet des Flüßchens Finow sehr viele Binnendünen als Relikte der Eiszeit.

Nach kurzer Zeit passieren wir eine Drehschranke und erreichen bald den Rastplatz Pöhlitzbrück an der Finow. Diese überqueren wir und fahren nun weiter geradeaus bis nach Biesenthal.

Vor dem Ortsrand radeln wir an einem großen Reiterhof vorbei. Danach geht der Weg über in eine „Brandenburg-typische“ Kopfsteinpflasterstraße, die aber glücklicherweise einen breiten Randstreifen hat. In **Biesenthal** erreichen wir dann die *„August-Bebel-Straße“* (links sehen wir die Marienkirche), auf der wir nach rechts bis zum Markt fahren.

TOUR 3

Zur Entstehung der an der Finow zwischen Seen und bewaldeten Hügeln gelegenen Kleinstadt und ihres Namens gibt es unterschiedliche Angaben. Sicher ist, daß es schon eine slawische Burg (auf dem Reiherberg) und Siedlung gab, bevor die Askanier um 1230 eine Burg auf dem Schloßberg errichteten. Im Schutze der Burg entwickelte sich ein deutsches Straßendorf, das 1258 erstmals urkundliche Erwähnung als Vogteisitz fand. Um 1315 wurde es Stadt.

Im 19. Jahrhundert entwickelte sich Biesenthal zu einer beliebten Sommerfrische für die Berliner. Grund dafür war auch die Entdeckung einer Schwefel-Eisen-Magnesium-Mineralquelle, so daß 1874 ein Kurhaus errichtet wurde, dem weitere Anfang des 20. Jahrhunderts folgten. Ab 1933 trug die Stadt sogar den Titel Luftkurort.

Die evangelische Pfarrkirche, die am Markt auf einer kleinen Anhöhe steht, wurde 1765/67 unter teilweiser Einbeziehung der Umfassungsmauern eines spätromanischen Feldsteinbaus (2. Viertel 13. Jahrhundert) erbaut.

Die katholische Marienkirche ist ein neobarocker Zentralbau von 1908/09 mit hoher Laterne. Interessant, aber sehr unauffällig, ist auch das alte Rathaus am Markt. Der gut proportionierte, grau verputzte Fachwerkbau mit Mansardwalmdach entstand 1760. Über der Tür des Anbaus befindet sich das Stadtwappen. Die darauf abgebildete Burg weist auf die Burg, später Schloß (1632 zerstört) hin, deren kärgliche Reste auf dem Schloßberg nordwestlich vom Markt zu besichtigen sind. Hier steht auch der 1907 errichtete Aussichtsturm.

Vom Markt fahren wir (nach links) in Richtung Bernau auf der *„Berliner Straße“* bergab. Wo diese Straße nach links abbiegt, radeln wir auf dem Fahrweg geradeaus weiter (Wanderwegschild „Lobetal 4 km“).

Hinter dem Ort benutzen wir an einer Gabelung den rotweiß-markierten Weg rechts und kommen damit in das **Naturschutzgebiet Biesenthaler Becken**.

Die in mehrfacher Hinsicht sehr interessante Niederung entstand aus einem Gletscherzungenbecken. Hier blieben nach dem Rückzug der Gletscher riesige Toteisblöcke liegen, die von Sand überdeckt, erst viel später abtauten. Es bildeten sich Feuchtwiesen, Moore unterschiedlicher Art, kleine Seen, Dünen und Trockenrasen auf Kames. Das so vielfältig strukturierte Feuchtgebiet bietet vielen bestandsbedrohten Tier- und Pflanzenarten Lebensraum. Es ist Einzugsgebiet der Finow, die von hier beträchtliche Wassermengen erhält.

Der Weg ist nun, logischerweise, nicht mehr so sandig wie der vor Biesenthal. So kommen wir jetzt recht gut voran und erreichen bald die **Langerönner Mühle**, eine Streusiedlung mit einigen wenigen Häusern. Die eigentliche Mühle, ein großer und alter Gebäudekomplex, ist zur Zeit leider dem Verfall preisgegeben, weil es noch ungeklärte Eigentumsansprüche gibt.

Hier finden wir einen sehenswerten Naturlehrpfad mit Hinweistafeln der Biesenthaler „Naturfreunde".

Weiter auf dem Weg überqueren wir das Langerönner Fließ (rechts dahinter die erwähnte Mühle) und radeln dann auf einem Stück Plattenweg bergauf aus dem Biesenthaler Becken. Der sich anschließende Weg bringt uns einigermaßen gut bis nach **Lobetal**. (Nähere Informationen zum Ort siehe Tour 4, S. 52)

An der Straßenkreuzung fahren wir dann weiter geradeaus auf die Betonplattenstraße, die mit „Bernau/Ladeburg" ausgeschildert ist. Nach einer hügeligen Endmoränenlandschaft erreichen wir die Hauptstraße durch Ladeburg (siehe Tour 2, S. 30). Auf dieser Kopfsteinpflasterstaße – oder besser daneben? – fahren wir nach links weiter bis nach Bernau.

An der Kreuzung mit der B 2 in Bernau fahren wir zunächst nach links und kurz darauf an der Ampel nach rechts. Wenn wir zur Kreuzung mit der *„Hussitenstraße"* kommen, radeln wir nach rechts auf das alte Stadttor zu. Nach dem Abbiegen auf die *„Bahnhofstraße"* links haben wir den Ausgangs- und Endpunkt der Tour erreicht.

TOUR 4

Bergauf, bergab durch die Eiszeit: Liepnitzsee und Lanke

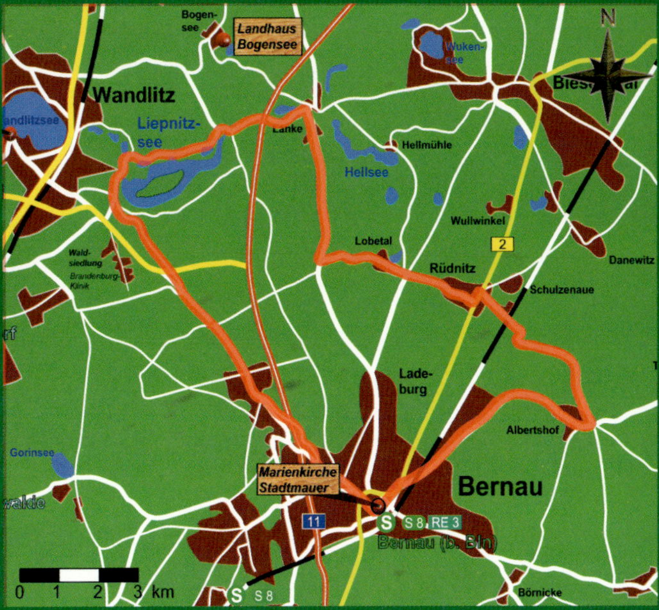

Start und Ziel: Bahnhof Bernau
Streckenlänge: 36 km
Abkürzungen: Von Rüdnitz über die B 2 nach Bernau
Wegbeschaffenheit: Ausschließlich mit Asphalt, Beton oder Betonplatten befestigte Straßen und Wege;
alternativ zur Straße hinter dem Autobahnanschluß Bernau kann der unbefestigte Weg benutzt werden
Sehenswertes (Auswahl): Bernau (Marienkirche, Stadtbefestigung), Gewerkschaftsschule
Einkehrmöglichkeiten: Ützdorf, Lanke, Lobetal, Bernau
Baden: Liepnitzsee, Obersee

Eine Tour für jede Jahreszeit – kurze Strecke, ausgezeichnete Wege und Straßen, Bademöglichkeiten, ausreichende Möglichkeiten zur Einkehr – jedoch nicht anspruchslos. Dafür sorgt zum einen das stark eiszeitlich geprägte Wandlitz-Prendener Seengebiet mit der tief eingeschnittenen Schmelzwasserrinne, in denen der Liepnitz- und der Obersee sowie Ützdorf und Lanke liegen, und dem Endmoränenzug bei Lobetal und oberhalb von Lanke. Diese bewegte Landschaft hält doch einige hübsche Anstiege bereit.

Zum anderen wird auch der Geist bedient: Die ehemalige Gewerkschaftsschule im Bauhausstil ist ebenso interessant wie die zahlreichen Sehenswürdigkeiten in Bernau, für deren Besichtigung man vor oder nach dieser Tour genügend Zeit hat.

★

Zum Liepnitzsee fahren wir wie bei der Tour 3 beschrieben. Allerdings ignorieren wir den Abzweig zur Jugendherberge und fahren das kurze Stück weiter bis zur einer Kreuzung mit einem asphaltierten Sträßchen. Hier biegen wir rechts ab und halten uns an der nächsten Gabelung links.

Auf der besonders radfahrerfreundlichen, weil für den motorisierten Verkehr gesperrten schmalen Straße rollen wir sehr schön bergauf und bergab oberhalb des Liepnitzsees.

Der **Liepnitzsee** (Foto) war lange Zeit ein Geheimtip, ist aber auch jetzt noch nicht überlaufen.
Eine Besonderheit ist die 1,3 Kilometer lange Insel, der „Große Werder", die den See in zwei flußartig erscheinende Arme teilt. Auf der Insel gibt es einen Zeltplatz und eine herrliche und ruhige Badestelle, die man aber nur mit der Fähre oder schwimmend erreicht. Zur Fähre kommt man am besten vom Waldparkplatz aus (hinter einer Schranke an der Straße). Hier befindet sich auch der kleine Zeltplatz auf dem Festland.

Schließlich kommen wir nach einer „rasanten" Abfahrt zum kleinen Ort Ützdorf (Gaststätte und Jugendherberge), fahren dort fast geradeaus auf eine breitere Straße und bleiben auf dieser bis nach Lanke. Vorher unterqueren wir die Autobahn, die hier eine beachtliche Höhe über dem Tal hat, sehen kurz darauf schon den Obersee und erreichen bald **Lanke**.

Die Hauptattraktion von **Lanke**, das sehr schön inmitten einer reizvollen Seen- und Moränenlandschaft liegt, ist das Schloß. Es wurde 1856/59 nach Plänen von Eduard Knoblauch als Putzbau im Stil der französischen Renaissance errichtet. Es ist schon seit langem Krankenhaus und daher im Inneren nicht zu besichtigen.
Der schöne Naturpark hinter dem Schloß wurde von Peter Joseph Lenné in Anlehnung an englische Vorbilder geschaffen.
In Lanke gibt es eine für diesen kleinen Ort beachtenswerte Anzahl von Restaurants und Hotels, die sich auch preislich beachtlich unterscheiden – also für jeden Geschmack etwas.

An der Kreuzung im Ort halten wir uns entsprechend der Ausschilderung **„Bernau"** nach rechts und müssen dann einen Anstieg von immerhin 8 Prozent überwinden.

Auf der nicht mehr ganz so ruhigen Straße fahren wir bis zur Försterei Woltersorf (rechts Bushaltestelle) und biegen dort scharf nach links auf die Asphaltstraße ab. Sie ist kurz danach durch eine Drehschranke gesperrt und durch die Wanderwegausschilderung **„Biesenthal"** gekennzeichnet. Auf dieser rauhen, dennoch gut befahrbaren Straße müssen wir noch einige „Berge" überwinden, bis wir nach **Lobetal** gelangen.

Dort geht es dann weiter auf Verbundpflaster durch den Ort, der völlig entsprechend den Belangen der **Hoffnungsthaler Anstalten** eingerichtet und modernisiert wurde.

Diese Anstalten wurden hier 1905 entsprechend den Ideen Bodelschwinghs gegründet und dienten der Pflege und Heilung alter und behinderter Menschen. Heute werden hier vor allem geistig behinderte Menschen betreut. Hier, in dieser evangelischen Einrichtung, fand nach der „Wende" zeitweilig Erich Honecker Zuflucht.

Auf der sehr guten und ruhigen Straße, die zudem noch einen Radweg besitzt, fahren wir bis nach **Rüdnitz** zur B 2, wo die sehenswerte Dorfkirche (Feldsteinbau aus dem 13. Jahrhundert) steht.

Wer nun Lust hat, auf den letzten Kilometern nach Bernau sich ins Verkehrsgetümmel zu stürzen, fahre hier nach rechts weiter. Wer aber die Tour sehr ruhig ausklingen lassen möchte, radle nach links und gleich wieder nach rechts in Richtung Bahnhof Rüdnitz.

Die Straße dorthin ist zwar kopfsteingepflastert, hat aber links und rechts Wege aus Beton beziehungsweise Verbundpflaster. Hinter dem Bahnübergang fahren wir dann wieder auf Asphalt und zudem äußerst ruhig, wobei am Anfang Pferdekoppeln und eine Reithalle zu sehen sind. Wir kommen dann nach einiger Zeit an eine Kreuzung mit der Asphaltstraße Tempelfelde-Bernau, wo wir nach rechts fahren. Am zweiten Abzweig rechts biegen wir zum Rüdnitzer Ortsteil **Albertshof** ab. Durch dieses eher unscheinbare Dorf fahren wir hindurch und später an ehemaligen Kasernen vorbei, die jetzt Gewerbegebiet sind.

Bald erreichen wir **Bernau**, fahren an der Kreuzung (hinter dem Baumarkt) weiter geradeaus auf den Weg an der Eberswalder Straße (Einbahnstraße!). Über die *„August-Bebel-Straße"* hinweg, biegen wir an der nächsten Kreuzung (vor dem Stadttor) nach links in die *„Bahnhofstraße"* ein, von der wir nach einem Rechts-links-Schlenker schnell den Bahnhof erreichen.

Exkurs: Spuren der Eiszeit

Tiefeingeschnittene Täler, breite Flußniederungen, hügelige Hochflächen, weite flache Auenlandschaften, Findlinge, unzählige Gesteinsbrocken und eine abwechslungsreiche Vegetation prägen die Landschaft Ostbrandenburgs. Dies und in gewisser Weise auch manche architektonischen Besonderheiten der Region verdanken wir im wesentlichen den norddeutschen Eiszeiten und den sich anschließenden Erwärmungen.

Vor rund 1,8 Millionen Jahren begann der Übergang vom wesentlich wärmeren Tertiär zum Quartär, jener erdgeschichtlichen Formation, in der wir heute noch leben. Die Durchschnittstemperaturen sanken, und es fiel mehr Schnee, als in den kühler gewordenen Sommermonaten abtauen konnte. Es wuchsen (zunächst im skandinavischen Raum) allmählich mächtige Schneefelder an, die sich mit zunehmendem Gewicht der Schneemassen in Eis umwandelten. So bildeten sich gewaltige (in Skandinavien bis zu 3000 Meter dicke) Gletscher. Unter deren Druck begann das Eis nach Mitteleuropa auszuweichen. Auf seinem „Vormarsch" konnte es in einem Jahr bis zu 600 Meter vorrücken

Das Eis führte Gesteine, Geröll und anderen lockeren Untergrund mit sich. Die Markgrafensteine in den Rauener Bergen verdeutlichen die ungeheuren Kräfte, die hier wirkten.

Der norddeutsche Raum ist vor allem durch die Weichsel-Kaltzeit (Beginn etwa vor 115 000 Jahren) geprägt worden, aber auch die vorangegangene Saale-Kaltzeit, in der beispielsweise das Oderbruch ausgeschürft wurde.

Wer Brandenburg von Nord nach Süd durchwandert, dem fällt der mehrfache Wechsel der Landschaft auf: fruchtbare, überwiegend landwirtschaftlich genutzte Regionen (Grundmoräne), nahezu bergiges, bewaldetes Gelände mit Schluchten und beeindruckenden Findlingen (Endmoräne), an die sich Nadelwaldforsten auf kargen sandigen Böden anschließen. Weiter südlich dann ein deutlicher Geländeabfall: der Rand des breiten Urstromtales.

Welche Naturereignisse haben diese Formen hervorgebracht?

Am südlichen Eisrand endete die lange, Jahrtausende währende Nord-Süd-Wanderung der vom Eis mitgeführten Steine, Kiesbrocken und Sande. Mit der beginnenden Erwärmung gegen

Ende der Eiszeit taute das Gletschereis allmählich nieder, und der Eisrand verlagerte sich nach Norden. Zurück blieben große Mengen von Material – Sande, Kiese, größere und kleinere Steine, die der Gletscher zurücklassen mußte. Sie bilden heute die Endmoräne, während der vom zurückweichenden Eis freigegebene Untergrund des Gletschers das Gebiet der Grundmoräne ist. Die reichlich anfallenden Schmelzwässer spülten große Massen leichten Materials aus der Endmoräne und luden es mit abnehmender Fließgeschwindigkeit schließlich ab. Es entstand ein großflächiges ebenes Gelände mit mächtigen Sandböden – der Sander. Für Landwirtschaft kaum zu gebrauchen, aber für Kiefern und Fichten gerade recht.

Die abfließenden Schmelzwässer sammelten sich weiter südlich und flossen parallel zum Eisrand nach Nordwesten ab. Heute noch können wir die Spuren dieses einst gewaltigen Stromes erkennen – das breite Urstromtal.

Durch die verschiedenen Perioden von Eisvorstoß, -stillstand und -rückzug kam es zu Überlagerungen und Kombinationen der eiszeitlichen Formungen, beispielsweise bei der Entstehung von Endmoränen auf älteren Grundmoränen. Am deutlichsten treten

Spuren der Eiszeit sind in Brandenburg unauffällig, aber allgegenwärtig vorhanden. Der Große Tornowsee in der Märkischen Schweiz ist einer der vielen Seen, die in einer durch abfließende Schmelzwässer entstandenen Rinne liegen.

die eiszeitlich geprägten Landschaftsformen dort zutage, wo sie nicht durch spätere Eisvorstöße gestört wurden. Ein schönes Beispiel für die klassische Ausprägung einer glazialen Serie ist am Choriner Endmoränenbogen zu finden. Allerdings haben hier Schmelzwasser einer späteren Eisrandlage die reine Form verhindert.

Dagegen ist die Barnimplatte zwischen Eberswalder und Berliner Urstromtal, zu der auch östliche Teile Berlins gehören, eine typische Grundmoränenlandschaft, der einige (jüngere) Endmoränen aufgesetzt wurden. Hier sind auch die schier nachwachsenden Feldsteine zu finden, mit denen viele Kirchen, Wohnhäuser, Speicher und Mauern in dieser Region gebaut wurden.

Auch durch die spät- und nacheiszeitlichen Vorgänge gab es noch landschaftliche Veränderungen. Beim Zurückweichen des Eisrandes konnte es auch zum Zerfallen des Gletschereises kommen, wobei zuweilen riesige Eiskörper zurückblieben, die dann schnell von den Sandmassen der Schmelzwässer zugedeckt und konserviert wurden („Toteis"). Mit dem späten Tauen eines solchen Eisklotzes entstand eine Vertiefung im Gelände, die wir heute als See, Tümpel oder Sumpfgebiet vorfinden können.

Die Schmelzwässer spülten stellenweise unter dem Eis tiefe Rinnen aus, die sich später mit Wasser füllten. Beispiele für solche Rinnenseen sind der Liepnitz-, der Scharmützel- und der Werbellinsee. Das Fehlen von Vegetation gab den heftigen Stürmen jener Zeit die Möglichkeit, große Dünenfelder – zum Beispiel in der Finowniederung – aufzuwehen.

Auf den Spuren der Zisterzienser

Start und Ziel: Bahnhof Bernau
Streckenlänge: 98 km
Abkürzungen: Von Chorin mit dem Zug oder auf der B 2 bis Eberswalde, dann nach Trampe und weiter wie beschrieben.
Wegbeschaffenheit: Zum größeren Teil asphaltierte Straßen, circa 15 km Fahrwege.
Sehenswertes (Auswahl): „Messingwerk" Eberswalde, Kloster Chorin, Aussichtspunkt Liebenstein
Einkehrmöglichkeiten (Auswahl): Biesenthal, Finow, Lichterfelde, Chorin, Niederfinow, Tuchen
Übernachtung (Auswahl): Chorin, Niederfinow
Baden: Amtssee Chorin

Das von den Zisterziensern erbaute Kloster Chorin ist das bedeutendste gotische Bauwerk Brandenburgs und auch durch den hier stattfindenden jährlichen Musiksommer allgemein bekannt. Obwohl es somit wirklich keine Entdeckung mehr im engeren Sinne darstellt, lohnt sich eine Fahrt dorthin immer wieder.

Auf den ersten Blick scheint es aber für den Radwanderer keine akzeptable Strecke von und nach einem S-Bahnhof zu geben: die Bundesstraße, die einzige Straßenverbindung zum Kloster, ist tabu, die alten Straßen im Biosphärenreservat sind bekanntermaßen mit „uraltem" Kopfsteinpflaster befestigt.

Dennoch gelangen wir bei dieser Tour relativ ruhig und auf zumeist ordentlichem Untergrund dorthin. Zugegebenermaßen eine recht lange Strecke, aber kürzer ist das Kloster ohne eine Fahrt mit dem Zug oder Auto von Berlin aus nicht zu haben.

★

Bis **Lanke** über Ladeburg fahren wir wie bei der Tour 2.

Dort folgen wir der Ausschilderung **„Biesenthal"**, biegen also an der ersten Kreuzung mit der Hauptstraße nach rechts ab und verlassen diese dann geradeaus. Links sehen wir eine ehemalige Brauerei und rechts ein Schloß mit Park (siehe Tour 4, S. 51).

Nun müssen wir uns auf einer achtprozentigen Steigung nach oben kämpfen, können aber danach wieder in jeder Hinsicht ruhig bis nach **Biesenthal** radeln.

In dem kleinen, aber sehr langgezogenem Städtchen fahren wir immer auf der Hauptstraße in Richtung **„Eberswalde, Werneuchen“**. Dem teilweise vorhandenen Kopfsteinpflaster können wir zumeist auf den guten Wegen an der Straße entgehen.

Dabei sehen wir zunächst den alten Fischerkietz mit einigen schönen Häusern, später am Markt das Rathaus und die evangelische Kirche sowie danach den Zentralbau der katholischen Kirche. (Weitere Informationen zu Biesenthal siehe Tour 3, S. 47)

Noch im Ort stoßen wir auf die B 2 und folgen dieser nach links. Gleich hinter dem Ortsausgang biegen wir in die durch ein Verbotsschild gesperrte Straße nach links ab. Auf dieser abwechselnd mit Asphalt und Beton befestigten Straße fahren wir an ehemaligen Kasernen und Übungsgeländen der sowjetischen/russischen Armee vorbei. Und dennoch ist diese ruhige Straße (auch wenn ab und zu mal ein Auto das Verbot ignoriert) sehr schön zu befahren, allerdings etwas ermüdend, weil es ziemlich lange und geradeaus durch den Wald geht.

Vor dem Ortseingang **Eberswalde** überqueren wir jetzt einen sozusagen zivilen Flugplatz, von wo aus auch Rundflüge angeboten werden.

Als hier noch ein Militärflugplatz war, konnte man die Straße auch schon befahren. Allerdings flogen die Maschinen hier nur wenige Zentimeter darüber, so daß die Durchfahrt bei Flugbetrieb natürlich gesperrt war.
Derzeit gibt es, logischerweise umstrittene, Überlegungen, den Flugplatz zum (nach Schönefeld) zweitgrößten Brandenburgs auszubauen.

Wir befinden uns nun im Eberswalder Stadtteil **Finow**. Hier ist die Straße für ein kurzes Stück sehr schlecht. Weiter geht es bis zur Kreuzung mit der Bundesstraße. Auf dieser fahren wir nach links und biegen gleich darauf nach rechts in die *„Altenhofer Straße“* ab, die eine Einbahnstraße und mit **„Finowkanal“** ausgeschildert ist. Wir radeln geradeaus auf eine Hauptstraße, überqueren den Finowkanal (mit auch für den Radler ausgebautem Treidelweg) und fahren nun durch das **„Messingwerk“**.

N
Groß Schönebeck
Eichhorst
Werbellin
109
Klandorf
Odersee
198
Zerpenschleuse
167
Marienwerder
Alter Finowkanal
Finowfurt
Ruhlsdorf
Eiserbuder See
Sophienstädt
11
Mittelprendensee
Bukowsee
Großer Samithsee
Bauersee
Bogensee
Landhaus Bogensee
Wukensee
Biesenthal
Lanke
Hellmühle
Hellsee
Grüntal
Sydow
Wullwinkel
Lobetal
2
Rüdnitz
Danewitz
Schulzenaue
Lade-
burg
Tempelfelde
Albertshof
Marienkirche
Stadtmauer
Bernau
11
S8
RE 3
Bernau (b. Bln)
Willmersdorf

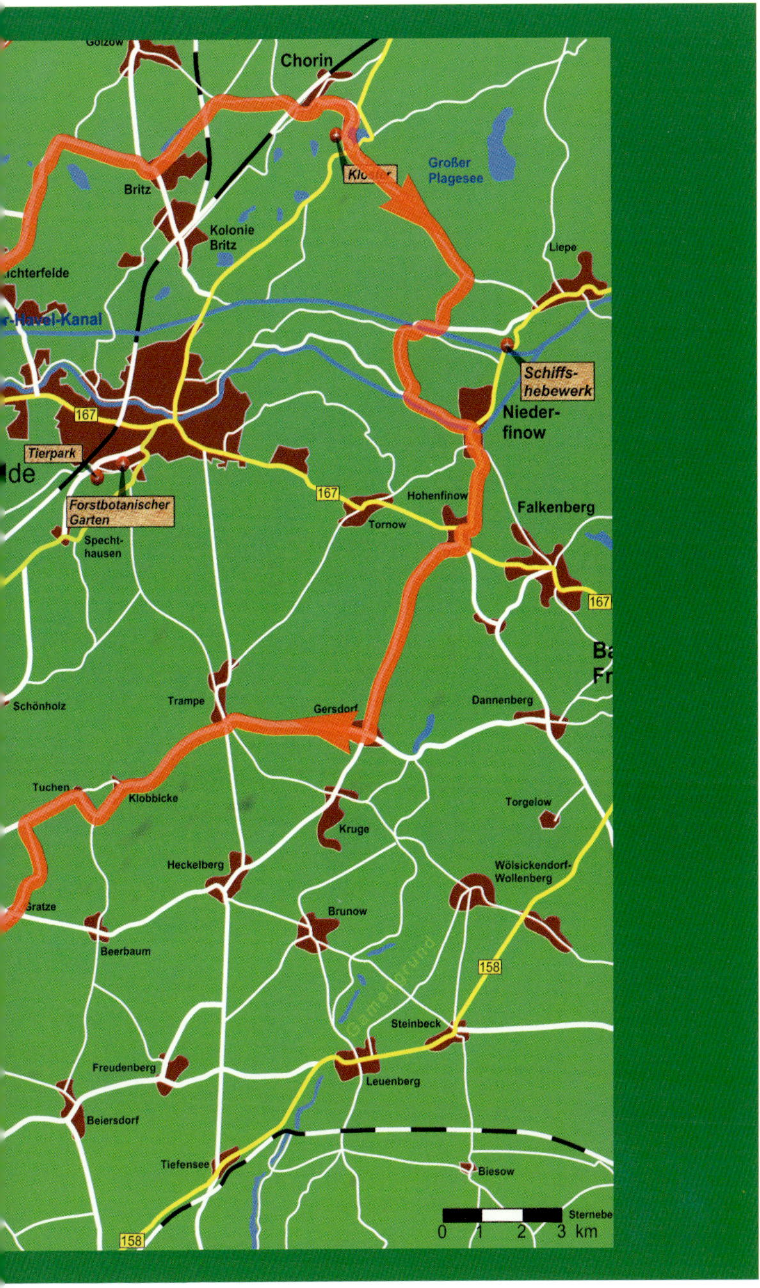
Chorin
Großer Plagesee
Britz
Kolonie Britz
Liepe
Havel-Kanal
Schiffs-hebewerk
Nieder-finow
167
Tierpark
Forstbotanischer Garten
Specht-hausen
Hohenfinow
Tornow
Falkenberg
Schönholz
Trampe
Gersdorf
Dannenberg
Tuchen
Klobbicke
Torgelow
Kruge
Heckelberg
Wölsickendorf-Wollenberg
Gratze
Brunow
Beerbaum
158
Gamengrund
Steinbeck
Freudenberg
Leuenberg
Beiersdorf
Tiefensee
Biesow
0 1 2 3 km

TOUR 5

Interessant sind hier vor allem die Wohnhäuser und das Hüttenamt aus der Mitte des 18. Jahrhunderts in der *„Erich-Steinfurt-Straße“* (links), der 64 Meter hohe Wasserturm von 1913 sowie Musterhäuser aus Kupferplatten mit Kokosisolierung, gedacht für den Einsatz in den Tropen.
„Messingwerk“ und weitere einstmals eigenständige Orte am Finowkanal wurden 1928 zur Großgemeinde Finow vereinigt. Finow wiederum, das 1935 Stadtrecht erhielt, wurde 1970 mit Eberswalde zu Eberswalde-Finow zusammengeschlossen.
Mehr Fakten zu Eberswalde und Finow können der Beschreibung zur Tour 7, S. 85ff entnommen werden.

Wir folgen nun weiter der Hauptstraße (immer noch *„Altenhofer Straße“)* und verlassen die Stadt vor dem **Oder-Havel-Kanal**, den wir anschließend überqueren. In **Lichterfelde** stoßen wir auf eine T-Kreuzung, wo wir nach links in Richtung Altenhof abbiegen. Natürlich erwartet uns wieder Kopfsteinpflaster, wir können jedoch den zwar unbefestigten, aber doch immer noch besser als die Kopfsteine befahrbaren Radweg links benutzen.

Wer jetzt schon Hunger verspürt, kann diesen in der Gaststätte stillen, an der wir vorbeikommen. Kulturelle Gelüste können mit der Kirche ebenfalls befriedigt werden, die einiges Sehenswertes zu bieten hat.

Der Feldsteinbau entstand im späten 13. Jahrhundert, wobei der Turm in Mischmauerwerk jünger ist und erst 1716 den hölzernen Turmaufsatz erhielt. Von der Innenausstattung ist besonders die reich gegliederte und schön bemalte hölzerne Taufe aus dem 18. Jahrhundert und ein kulturhistorisch wertvolles Doppelepitaph vom Ende des 17. Jahrhunderts.
Das in unmittelbarer Nähe der Kirche stehende, ehemalige Schloß von 1565/76 wurde 1970 leider so stark umgebaut, daß es als ein solches kaum mehr zu erkennen ist.

Hinter der Kirche biegen wir auch gleich nach rechts ab in die asphaltierte *„Britzer Straße“*. An der nächsten Gabelung folgen wir dieser Hauptstraße nach links, die ab hier *„Blütenberger Weg“* heißt. Links entlang der Straße ist ein gleich guter Radweg ausgeschildert, der aber hier aufgrund des äußerst geringen Verkehrs als völlig überflüssig erscheint.

Wir verspüren hier sozusagen schon die Ausläufer des Choriner Endmoränenbogens, denn wir fahren bergauf aus dem Eberswalder Urstromtal auf die Sanderflächen vor den Endmoränen.

Auf der Straße, von der wir nicht abzweigen, erreichen wir zunächst die Grenze des **Biosphärenreservats Schorfheide-Chorin** und nach einer kleinen Abfahrt den kleinen Ort **Blütenberg**. Dabei haben wir schöne Ausblicke auf die hügelige Landschaft.

Am Ortsausgang von Blütenberg sehen wir einen Neubau der Hoffnungsthaler Anstalten (siehe Tour 4 zu Lobetal).

Erneut, ohne abzubiegen, fahren wir weiter, bis wir am Ortsrand von **Britz** die Straße Joachimsthal – Eberswalde erreichen. Auf dieser radeln wir nach rechts, biegen von ihr aber schon an der Kreuzung im Ort nach links *(„Dorfstraße")* ab. Auf der Verbundpflasterstraße radeln wir bis zum Ortsausgang entlang des Angers (Kirche neobarock, ursprünglich 13. Jahrhundert). An der Gabelung wählen wir die Straße links, die für ein sehr kurzes Stück noch mit Asphalt befestigt ist, dann Kopfsteinpflaster bereithält und schließlich in einen Fahrweg übergeht. (Rechts sehen wir die Gebäude der bekannten Fleischwarenfabrik Eberswalde.)

Dieser Fahrweg, der sehr schön von Obstbäumen eingerahmt und auch recht ordentlich befahrbar ist, führt uns dann über die Bahnlinie Joachimsthal – Eberswalde. Auf dem Weg erreichen wir eine der vielen Kopfsteinpflasterstraßen des Biosphärenreservates. Sie stehen mit dem Gesetz zum Reservat praktisch unter Schutz und sind daher nicht veränderbar – natürlich nicht unbedingt zur Freude des Radlers. Glücklicherweise haben sie aber zumeist einen Randstreifen.

Wir fahren auf die Kopfsteinpflasterstraße rechts (Wanderweg „Chorin") und dann gleich wieder nach rechts. Hier zeigt uns ein Wegstein die Richtung.

Abwechselnd ist nun der Fahrweg mit Kopfsteinen oder mit feinem Kies belegt. Bald erreichen wir die Brücke über die Bahnstrecke Angermünde-Eberswalde und kurz darauf das Dorf **Chorin**. Wir fahren zunächst auf der Kopfsteinpflasterstraße *(„Dorfstraße")*, bis wir an der Kreuzung vor der sehenswerten Dorfkirche (Ende 13. Jahrhundert) auf eine Asphaltstraße stoßen, der wir nach rechts folgen. Auf dieser Straße rollt es nach den Strapazen der letzten Kilometer fast von allein. Links von uns sehen wir nun sehr schön Höhenzüge des eigentlichen Choriner Endmoränenbogens.

Das Landschaftssraum Choriner Endmoränenbogen (früher Landschaftsschutzgebiet, jetzt aufgegangen im Biosphärenreservat) umfaßt den End- und Grundmoränenbereich zwischen Oderberg und der Autobahn. Er kennzeichnet einen Teil der Pommerschen Staffel in der Weichsel-II-Kaltzeit, dem weitesten Eisvorstoß in diesem Stadium.

Wir biegen dann nach kurzer Zeit auf eine schmale asphaltierte Querstraße rechts mit der Auschilderung zu einem Hotel ein. Es ist die *„Alte Klosterallee"*, die geradeaus zur *„Neuen Klosterallee"* mutiert. Wenn die asphaltierte Straße nach rechts abbiegt, fahren wir nach links auf den Weg, der am Klostersee entlang führt und am Anfang mit einer Wegsperre versehen ist.

In einer kleinen Senke überqueren wir einen Steg (Achtung!) und fahren weiter am See, bis wir zu einer kleinen Treppe kommen. Die vier Stufen müssen wir das Rad tragen, danach können wir weiter an der Klosterkirche nach rechts zum Eingang des **Klosters Chorin** radeln.

Das Kloster gehört zu den ältesten erhalten gebliebenen Bauwerken der Backsteingotik. Es entstand als Tochtergründung des Zisterzienser-Klosters Lehnin und wurde bald zu einem Zentrum der Baukunst und der Landwirtschaft in der Region.
Nachdem 1250 die Uckermark vollständig in den Besitz der Askanier gelangt war, wurden im Zuge der Landerschließung Klöster errichtet. Um 1273 wurde mit der Errichtung der Klosteranlage in Chorin begonnen, die nach etwa 60 Jahren fertiggestellt war. In der Blütezeit war fast die gesamte südliche Uckermark im Besitz des Klosters.
Brachte schon der Dreißigjährige Krieg große Zerstörungen, so wurden später ganze Teile abgetragen, um daraus Baumaterial zu gewinnen. Eine Besserung der Situation trat erst ein, als auf Anregung Schinkels in der ersten Hälfte des 19. Jahrhunderts erste Erhaltungsarbeiten begonnen wurden.
Im Jahre 1861 gehen die Klostergebäude in den Besitz des Forstamtes Liepe über. Danach beginnt eine systematische Sicherung und Restaurierung des Bestandes.
Das Kirchenschiff wird 1910/12 in seiner ursprünglichen Form neu eingedeckt. Ab 1954 werden weitere umfangreiche Restaurierungsarbeiten vorgenommen.

Das Kloster entstand in der Übergangszeit von der Romanik zur Gotik. Obwohl der vorwiegende Baustil frühgotisch ist, finden sich noch viele romanische Elemente. Und sogar orientalische Einflüsse sind zu entdecken, die darauf verweisen, daß der Zisterzienserorden im 13./14. Jahrhundert weit verbreitet war. Trotz der Vielfalt der Formen beeindruckt die schlichte Schönheit des Klosters.
Die Baukunst der Choriner Mönche wirkte stilbildend für viele Nachfolgebauten. Der Einfluß ist sogar bei Backsteinbauten entlang der Ostseeküste, beispielsweise beim Münster in Bad Doberan, aufgrund vieler Ähnlichkeiten zu vermuten.
Zur Besichtigung erschlossen sind neben der Kirche unter anderem Kreuzgangstrakte, das Refektorium, die Küche und der sogenannte „Fürstensaal". Sehr sehenswert sind auch der berühmte Westgiebel sowie die kunstvollen Säulenkapitelle und Konsolen mit Blatt- und Tiermotiven sowie Fabelwesen. (*Öffnungszeiten:* April-Oktober 9–18 Uhr, November-März 9–16 Uhr)
Außerhalb der eigentlichen Klostergebäude sind außerdem die südwestlich gelegene Mühlenruine, die Alte Klosterschänke sowie der schöne Baumbestand auf und um den Weinberg interessant.
Eine besondere Attraktion ist jedoch der Choriner Musiksommer, der jeden Besuch durch den Einklang von Musik, Architektur und Natur zu einem wunderbaren Erlebnis werden läßt.

Vom Kloster fahren wir zunächst zur Bundesstraße und dort ein kleines Stück nach links, bevor wir am nächsten Abzweig rechts in den Wald einbiegen. Der Kopfsteinpflaster-Fahrweg (was sonst?) mit Randstreifen zum „Schiffshebewerk/Forsthaus Liepe" ist recht schweißtreibend, denn es geht auf den Weinberg, die Fortsetzung des Endmoränenbogens, doch ziemlich steil bergan.

Wir fahren nun immer geradeaus, wobei nach einer Wegkreuzung, an der wir eine Schranke passieren, der Fahrweg durch die Schlackeauflage sehr gut befahrbar ist. Nach einer sehr schönen Waldstrecke erreichen wir dann eine Kreuzung, wo es geradeaus auf Kopfsteinpflaster in Richtung Liepe weitergeht. Wir folgen aber der Ausschilderung **„Klosterbrücke"** auf einem Wegstein nach rechts.

Bei dieser Tour ist die **Besichtigung des Schiffshebewerks** nicht vorgesehen. Wer dies nun unbedingt mitnehmen möchte, fahre hier geradeaus bis zur Straße in Liepe, biege dort nach rechts ab und folge nach dem Ortsausgang der Ausschilderung Niederfinow nach links. Vorbei am Schiffshebewerk, kommt man auf der Straße zur Zugbrücke in Niederfinow und ist dann wieder auf der Originalstrecke. Nähere Informationen zum Schiffshebewerk, zum Oder-Havel- und Finow-Kanal können der Beschreibung zur Tour 6 (S. 91ff) entnommen werden.

Auf dem Fahrweg, nur am Anfang Kopfsteine, kommen wir dann recht gut bis zur Straße Liepe – Eberswalde, fahren dort nach rechts und überqueren die Brücke über den **Oder-Havel-Kanal**. Dahinter biegen wir nach links ab und radeln weiter geradeaus auf dem breiten Fahrweg, der leider recht zerfahren ist. Im Niederfinower Ortsteil **Stecherschleuse**, den wir nach einiger Zeit erreichen, fahren wir zunächst auf einem Plattenweg und dann auf Asphalt, bis der Fahrweg an einer T-Kreuzung endet. Die Fahrt hierunter hat uns sicher den Höhenunterschied deutlich gemacht, der mit dem Schiffshebewerk überbrückt werden muß. Wir folgen nun der Asphaltstraße durch den hübsch gelegenen Ort, halten uns also an der nächsten Gabelung rechts. Wir haben dabei schöne Ausblicke über die Finowniederung und die dahinter aufragenden Berge des Barnimrandes.

In **Niederfinow** stoßen wir auf eine nach rechts abbiegende Hauptstraße und folgen ihr in diese Richtung. Kurz darauf überqueren wir die schon genannte Zugbrücke über den **Finowkanal**.

Auf der Hauptstraße und am Bahnhof vorbei fahren wir nun bei achtprozentiger Steigung bergauf nach Hohenfinow. Oben angelangt, sollten wir eine Verschnaufpause einlegen, um den herrlichen Blick über das Niederoderbruch, auf das Schiffshebewerk und die dahinter liegenden Endmoränen bei Liepe und Oderberg zu genießen.

Ein noch besseren, sicher sogar den schönsten Ausblick in dieser Region hat man vom Liebenstein, den wir auf der Plattenstraße links hinter dem Ortseingang von **Hohenfinow** erreichen können (siehe Tour 6, ebenso zum Ort).

Ein Stück weiter auf der Straße gelangen wir zur B 167 und fahren dort nach links in Richtung Bad Freienwalde, vorbei am Dorfanger mit der schönen Lindenallee, einem interessanten Fachwerkhaus und der bemerkenswerten Kirche.

Am nächsten Abzweig rechts **(„Heckelberg“)** biegen wir in diese Richtung ab und fahren weiter (zunächst bergauf, auf der Kuppe lohnt sich wieder ein Blick zurück) bis nach **Gersdorf**. Dort biegen wir an der Straßenkreuzung nach rechts ab. Die Straße nach Trampe ist nun noch ruhiger als die vorherige. In **Trampe** überqueren wir die Straße Tiefensee – Eberswalde.

Wenn wir rechts abbiegen würden, kämen wir zum ehemaligen Schloß. Wissenswertes hierzu und zu den nachfolgenden Orten Tuchen, Klobbicke und Tempelfelde ist in der Beschreibung zur Tour 7 zu finden.

Geradeaus fahren wir auf der *„Tuchener Straße“* bis zum Ortsrand und dann weiter nach **Klobbicke** und **Tuchen**. In letzterem Ort ist vor allem die rekonstruierte gelbe Fachwerkkirche interessant.

Auch hinter Tuchen fahren wir zunächst auf der Hauptstraße **(„Biesenthal“)**, bis zu einer Hochspannungsleitung, die über die Straße führt. Dort biegen wir nach links auf den Betonplattenweg ab, dem wir bis nach **Gratze** folgen. Hier machen wir einen kurzen Rechts-links-Schlenker und kommen auf einer sehr schönen asphaltierten Kastanienallee nach **Tempelfelde**. Wir fahren geradeaus, auch wenn die Hauptstraße vor dem Ortsausgang nach links abbiegt. Es ist die *„Bernauer Straße“*, die auf unser nicht mehr weit entferntes Ziel hinweist.

Immer noch sehr ruhig radeln wir bis zu einem Abzweig rechts, hinter dem das Ortseingangsschild **„Rüdnitz/Ortsteil Albertshof“** zu sehen ist. Hier biegen wir ab und fahren durch dieses eher unscheinbare Dorf hindurch. Später kommen wir an einem ehemaligen Kasernengelände vorbei, das jetzt Gewerbegebiet ist.

Bald erreichen wir **Bernau**, fahren an der Kreuzung (hinter dem Baumarkt) weiter geradeaus auf den Weg an der *„Eberswalder Straße“* (Einbahnstraße!). Über die *„August-Bebel-Straße“* hinweg, biegen wir an der nächsten Kreuzung (vor dem Stadttor) nach links in die *„Bahnhofstraße“* ein und erreichen kurz darauf den Bahnhof.

Technisches Denkmal in Ostbrandenburg: Das Schiffshebewerk Niederfinow

Start und Ziel: Bahnhof Bernau
Streckenlänge: 95 km
Abkürzungen: Von Bad Freienwalde mit der Bahn (umsteigen in Eberswalde) oder nach Strausberg Nord (siehe Tour 12).
Wegbeschaffenheit: Ausschließlich befestigte Straßen/Wege, überwiegend Asphalt, wenige Kopfsteinpflasterpassagen.
Sehenswertes (Auswahl): Aussichtspunkt NSG Liebenstein, Schiffshebewerk Niederfinow, Bad Freienwalde (Oderlandmuseum, Schloß, Haus der Naturpflege)
Einkehrmöglichkeiten (Auswahl): Tuchen, Niederfinow, Liepe, Freienwalde, Freudenberg
Übernachtung (Auswahl): Niederfinow, Bad Freienwalde (u. a. Jugendherberge)
Baden: Gamensee bei Gersdorf, Freibad in Bad Freienwalde

Das Schiffshebewerk in Niederfinow ist sicher *die* technische Attraktion im östlichen Brandenburg. Sein Reiz liegt aber nicht allein in der großartigen Umsetzung der Aufgabe, Schiffe 36 Meter höher oder tiefer zu befördern, sondern gleichermaßen in der herrlichen, stark eiszeitlich geprägten Umgebung, die sich von der Aussichtsplattform des Hebewerks wunderbar erschließt. Auch wenn nicht selten, besonders zu Feiertagen oder in der warmen Jahreszeit, richtiger Massentrubel herrscht, lohnt sich eine Fahrt hierher immer wieder.

Natürlich wurde die recht lange Route so ausgewählt, daß sie sowohl relativ ruhig als auch mit dem Rad gut befahrbar ist. Selbst mit dem Rennrad kann sie problemlos bewältigt werden.

Und auch die Kultur kommt nicht zu kurz. Insbesondere Bad Freienwalde bietet genügend Sehenswürdigkeiten zur Besichtigung.

★

Vom Bahnhofsvorplatz fahren wir vor bis zur *„Breitscheidstraße"*, dort nach rechts bis zur Ampelkreuzung und hier nach links. An der nächsten Kreuzung biegen wir rechts ab in die *„Eberswalder Straße"*. Von dort geht es weiter geradeaus über die Kreuzung und

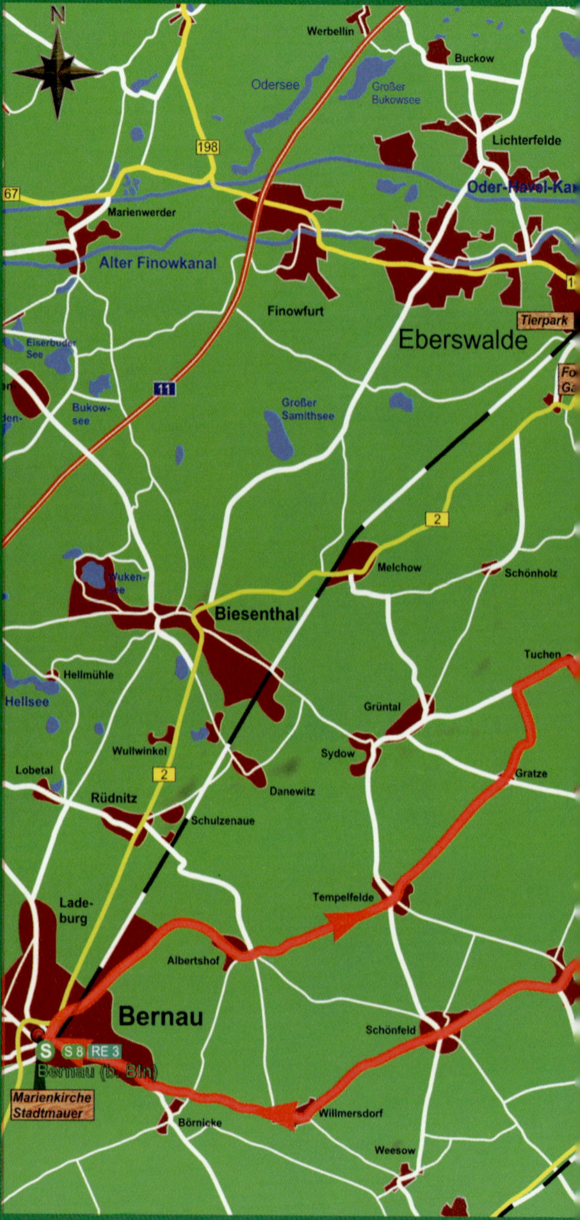
N
Werbellin
Buckow
Odersee
Großer Bukowsee
198
Lichterfelde
Oder-Havel-Ka
67
Marienwerder
Alter Finowkanal
Finowfurt
Tierpark
Eberswalde
Eiserbuder See
11
Bukow-see
Großer Samithsee
2
Melchow
Schönholz
Wuken-see
Biesenthal
Tuchen
Hellmühle
Hellsee
Grüntal
Wullwinkel
Sydow
Lobetal
2
Gratze
Rüdnitz
Danewitz
Schulzenaue
Tempelfelde
Lade-burg
Albertshof
Bernau
Schönfeld
S S 8 RE 3
Bernau (b. Bln)
Marienkirche Stadtmauer
Börnicke
Willmersdorf
Weesow

Kloster
Großer Plagesee
Kolonie Britz
Liepe
Oderberg
Oderberger See
Schiffs-hebewerk
Nieder-finow
Neuen-hagen
Bralitz
167
Hohenfinow
Tornow
Falkenberg
Schiff-mühle
167
Bad Freienwalde
Gersdorf
Dannenberg
Rathenau-Museum
158
Torgelow
Kruge
Baa-See
Wölsickendorf-Wollenberg
Brunow
158
Gamengrund
Steinbeck
Haselberg
Leuenberg
Harnekop
Biesow
Frankenfelde
Sternebeck
Herzhorn
Blumenthal
Stadtstelle Blumenthal
0 1 2 3 km

später die Bahnschienen hinweg. An ehemaligen Kasernen vorbei radeln wir nach und durch **Albertshof**. Hinter dem Ortsausgang fahren wir dann nach links bis **Tempelfelde** und auch dort weiter geradeaus. Bis **Gratze** folgt nun eine schöne Kastanienallee.

Hier machen wir einen Rechts-links-Schwenk auf einen Betonplattenweg. Auf diesem radeln wir bis zu einer asphaltierten Kastanienallee. Nun geht es nach rechts weiter bis **Tuchen**.

Der Ort hat eine restaurierte schmucke, gelbe Fachwerkkirche (1711/18), an der wir auf der gepflasterten Hauptstraße mit Randstreifen vorbeifahren. Hinter Tuchen geht es weiter auf Asphalt nach **Klobbicke**. Hier steht eine frühgotische Feldsteinkirche aus der ersten Hälfte des 13. Jahrhunderts mit, wie auch in der Tuchener Kirche, interessanter Innenausstattung.

Das nächste Dorf ist **Trampe**, wo wir über die Kreuzung hinweg geradeaus in Richtung Gersdorf fahren.

In Trampe hätten wir die Möglichkeit, einen kurzen Schwenk nach links zu machen und dem ehemaligen Schloß und Park einen Besuch abzustatten (siehe Tour 7, S. 83f).

In **Gersdorf** biegen wir an der Kreuzung nach links ab in Richtung Hohenfinow. Kurz vor diesem Ort haben wir von einer Kuppe einen schönen Ausblick auf das Niederoderbruch und die dahinterliegenden Berge – den Endmoränenbögen bei Liepe und Oderberg.

In **Hohenfinow** biegen wir zunächst nach links ab auf die B 167 **(„Eberswalde“)**.

Der Ort hat ein interessante und wechselvolle Geschichte. Der für eine Dorfkirche aus der Mitte des 13. Jahrhunderts ungewöhnliche und stattliche Bau läßt darauf schließen, daß hier ursprünglich eine Stadt entstehen sollte. Tatsächlich wurde Hohenfinow in früheren Zeiten auch Städtchen genannt, erhielt aber nie das Stadtrecht.
Die Feldsteinkirche war ursprünglich eine dreischiffige Basilika mit Querturm, rechteckigem Chor und halbkreisförmiger Apsis. Nach der Zerstörung im Dreißigjährigen Krieg wurde die Kirche Ende des 17. Jahrhunderts ohne die Seitenschiffe wiederhergestellt. 1906/10 erfolgte eine romanisierende Restaurierung, bei der auch die Apsis neu entstand. Gut an den

Außenwänden zu sehen sind die Spitzbogenarkaden zwischen den früheren Seitenschiffen und dem Mittelschiff. Ebenso interessant ist das große gestufte Westportal und die spitzbogige, von einem Rankenfries gerahmte Priesterpforte, deren Baumaterial – Sandstein – in einem ehemaligen Steinbruch beim nahegelegenen Falkenberg gewonnen wurde. Im Inneren sind die Patronatsloge von 1727, ein geschnitztes, hölzernes Epitaph mit Trophäenschmuck von 1687 und die farbige Ausmalung aus der Restaurierungszeit besonders erwähnenswert.
Unweit der Kirche steht am Anger ein kürzlich restauriertes Fachwerk-Doppelstubenhaus des 18. Jahrhunderts, das sogenanntes „Querhaus". In ihm befindet sich eine „Schwarze Küche", die Einrichtung eines Museums ist geplant.
Der Dorfanger wird sehr schön von Linden gesäumt. Diese Allee verband bis 1960 die Kirche mit einem Schloß. Dann wurde das barocke Bauwerk, das beachtliche Stuckdecken und -wände aus dem späten 17. Jahrhundert besaß, abgerissen, obwohl es nur leichte Schäden aufwies.
Bis 1945 gehörte es der Familie Bethmann Hollweg. Hier wurde 1856 Theobald von Bethmann Hollweg geboren, ab 1909 Reichskanzler. Obwohl er maßgeblichen Anteil am Ausbruch des Ersten Weltkrieges hatte, begab er sich später in Widerspruch zur Obersten Heeresleitung und wurde daher 1917 abgesetzt. Er starb in Hohenfinow 1921, sein Grab befindet sich auf dem hiesigen Friedhof.

Wir radeln entlang des Dorfangers weiter, biegen dann nach rechts ab **(„Schiffshebewerk Niederfinow")**. Kurz vor dem Ortsausgang, hier beginnt das **Biosphärenreservat Schorfheide-Chorin**, sollten wir uns einen kleinen Abstecher gönnen. Auf der Betonplattenstraße rechts und einem sich später anschließenden Wiesenweg (300 Meter) erreichen wir den **Liebenstein**. Von hier haben wir einen wunderschönen Ausblick aufs Niederoderbruch, das Schiffshebewerk, die Endmoränenbögen, die Neuenhagener Insel und entlang der Barnimkante nach Falkenberg und Bad Freienwalde.

Nachdem wir auf die Straße zurückgefahren sind, rollen wir kurze Zeit später in einer Kehre und acht Prozent bergab nach **Niederfinow**. Hier überqueren wir die Bahnlinie Eberswalde-Wriezen und den **Finowkanal** auf einer interessanten Zugbrücke.

Niederfinow liegt in der Finowniederung, die im Eberswalder Urstromtal der tiefste Teil ist. Der Ort wurde 1267 erstmals erwähnt. Da sich dort einer der wenigen Übergänge über die damals fast unpassierbare, sumpfige Niederung befand, führte hier die Handelsstraße Leipzig – Frankfurt (Oder) – Stettin entlang, und Niederfinow war eine wichtige märkische Zollstelle. Mit der Verlegung der Straße über Eberswalde verlor die einstige Stadt stark an Bedeutung.
Der Finowkanal, über den die Zugbrücke (erbaut nach 1945 als Ersatz für eine ältere, im Krieg zerstörte) führt, entstand 1743 bis 1746 neu. Denn schon 1605 bis 1620 wurde der erste Finowkanal zur Verbindung von Oder und Havel gebaut, der zwar Teile der (alten) Finow mit einbezog, aber insgesamt deren Lauf zwischen Finowfurt und der (alten) Oder stark veränderte. Der 39,4 Kilometer lange Kanal verfiel jedoch im Dreißigjährigen Krieg. Der zweite Finowkanal wurde 1842/44 weiter verbessert und erhielt erst 1859/69 bzw. 1912 durch den Bau der Hohensaatener Schleusen seinen Abschluß. Er war jedoch schon seit Anfang des 20. Jahrhunderts völlig überlastet. Daher wurde 1906 der Bau des Hohenzollern-Kanals, der heutige Oder-Havel-Kanal, in Auftrag gegeben. Und zu diesem fahren wir nun weiter.

Auf der Hauptstraße durch Niederfinow erreichen wir bald das **Schiffshebewerk** am **Oder-Havel-Kanal**.

Das Schiffshebewerk Niederfinow vor dem Endmoränenbogen bei Liepe

Es ist sicher *das* technische Denkmal in Ostbrandenburg. Als es 1934 fertiggestellt wurde, war es das weltgrößte der bis dahin existierenden zehn Hebewerke. Mit ihm bewältigt der Schiffsverkehr auf dem Kanal bis heute reibungslos den Höhenunterschied von 36 Metern zwischen der Talsandterasse und dem Niederoderbruch.
Ursprünglich leistete dies ein Schleusentreppe, die wir auf der Weiterfahrt noch sehen werden. Jedoch erwies sich die Kopplung von vier Schleusen hintereinander als der Schwachpunkt des „Großschiffahrtweges", wie der Kanal später hieß.
In nur acht Jahren wurde der Kanal erbaut und im Juni 1914 eingeweiht, wobei die Bahnlinie Berlin – Angermünde und ein Flußtal überquert werden mußte. Er verläuft zwei bis drei Kilometer nördlich des Finowkanals auf der Hauptterasse im Eberswalder Urstromtal, hat eine Wasserspiegelbreite von 33 Metern und ist in der Mitte drei Meter tief. Auf dem Kanal können Schiffe bis zu 700 Tonnen Tragfähigkeit schwimmen, auf dem Finowkanal sind nur 170 Tonnen möglich.
Mußten bei der Benutzung des Finowkanals noch 17 Schleusen passiert werden, so gibt es beim Oder-Havel-Kanal mit einer Länge von etwa 50 Kilometern nur Schleusen an der Havel und an der Oder.
Und dazwischen befindet sich natürlich noch das Schiffhebewerk, das auf der Naßförderung bei senkrechtem Hub beruht. Der 85 Meter lange, 12 Meter breite und 2,5 Meter tiefe Trog hängt an 256 Stahltrossen, die über riesige Seilscheiben mit Gegengewichten verbunden sind. So ist beim Heben und Senken des Troges, der aufgrund des Archimedischen Prinzips unabhängig von der Beladung 4200 Tonnen schwer ist, nur die Reibungskraft zu überwinden. Lediglich vier Elektromotoren mit je 55 PS bewältigen dies in jeweils fünf Minuten. Die gesamte Abfertigung eines Schiffes dauert 20 Minuten.
Sehr beeindruckend ist auch die Sicht von der Aussichtsplattform (*Öffnungszeiten:* 9–18 Uhr, Oktober-März bis 16 Uhr).
In den letzten Jahre gab es Überlegungen, ein neues Schiffshebewerk zu bauen, um den gestiegenen Schiffsverkehr besser bewältigen zu können. Allerdings dürfte ein solch gewaltiges Bauvorhaben in einem Biosphärenreservat ökologisch höchst bedenklich sein.

Auf unserer Weiterfahrt geht es zunächst unter dem Schiffshebewerk hindurch und später an der alten Schleusentreppe vorbei. An der Kreuzung vor dem Ortseingang von **Liepe** fahren wir nach rechts. Auf unserer Fahrt durch den Ort stoßen wir später auf einen Platz, der mit einer kleinen Mauer eingefaßt ist und „Rundling“ heißt, was auf die Anlage des alten, ursprünglich slawischen Dorfes hinweist (lipa – Linde). Hier folgen wir der Ausschilderung **„Jägerhof Liepe“** nach rechts. Diese Verbundpflasterstraße geht kurz darauf über in eine asphaltierte. Auf einer Hinweistafel können wir uns nun näher über das **Niederoderbruch** informieren, das den Status eines Naturschutzgebietes genießt und zum Biosphärenreservat gehört.

Es entstand bereits in der Saale-Eiszeit durch Ausschürfung, im Gegensatz zu der weichseleiszeitlich geformten Umgebung.
Noch zu Beginn des 18. Jahrhunderts floß die Oder in Windungen seicht durch das Bruch. In den Jahren 1747 bis 1753 wurde die Oder begradigt. (Weitere Informationen siehe Tour 9, S. 101f)
Dies war ebenso Voraussetzung für die Melioration des Gebietes, die im Vergleich zu den anderen Teilen des Oderbruchs später und in geringerem Ausmaß erfolgte. Daher überwiegt das Grünland, nicht das Ackerland, durchfließen zahlreiche natürliche und künstliche Wasserläufe das Bruch, wachsen viele seltene Pflanzen auf den Wiesen und leben hier zahlreiche Sumpf-, Wasser- sowie Greifvögel.

Auf einer Bogenbrücke überqueren wir den **Oder-Havel-Kanal**. Auch von hier haben wir einen schönen Blick auf das Schiffshebewerk. An der nächsten Wegkreuzung biegen wir nach links ab **(„Deichwanderweg/Jägerhof“)**. Auf dem Asphaltsträßchen kommen wir am Jägerhof Liepe vorbei, bis 1989 Staatsjagdobjekt, heute Gaststätte und Hotel, eingerichtet noch im damaligen Stil.

Nach kurzer Zeit überqueren wir die „Alte Finow“ auf einer flachen Holzbrücke. Das hier stehende Schöpfwerk wurde 1895/96 erbaut und dient der Regulierung des Wasserstandes im Bruch. Interessant ist bei der Fahrt durch das Bruch sicher vieles – am reizvollsten aber vielleicht der Kontrast zwischen der weiten, flachen Auelandschaft und den sie einrahmenden „Bergen“.

Bald können wir schon den hohen Turm der Kirche unseres

nächsten Zieles, **Bralitz**, erkennen. Davor biegen wir noch nach rechts auf einen höheren Damm ab, und dort, wo am Weg die verlassenenen Häuser stehen, fahren wir nach links weiter auf der Brücke über die **Alte Oder**. Noch ein kleines Stück bergauf und wir sind in Bralitz auf der **Neuenhagener Insel**.

Sie wird auch Neuenhagener Oderinsel genannt. In der Tat wird sie von der Alten Oder und der 1747/53 neu entstandenen Oder umflossen. Die Bezeichnung kennzeichnet jedoch auch die inselartig herausgehobene Lage des Sporns, der an seiner höchsten Stelle immerhin fast 90 Meter über dem Bruch liegt, und die Situation vor der Begradigung und Eindeichung der Oder, wenn das Oderbruch überschwemmt war. Die Neuenhagener Insel besteht aus Endmoränen, Talsandterassen und Tonablagerungen.
Die stattliche neogotische Kirche entstand Ende des 19. Jahrhunderts.

Wir fahren hier auf die Hauptstraße nach rechts und kommen vor dem Ortsausgang an einer eigenwilligen Kapelle auf dem Friedhof vorbei. Der nächste Straßenabschnitt bis **Schiffmühle** ist etwas eintönig, führt aber relativ ruhig durch den Wald. Im kleinen Ort fahren wir geradaus auf die B 158, die hier links serpentinenartig nach Hohenwutzen führt.

Wir kommen am Chausseehaus vorbei, das 1834 nach Plänen von Schinkel erbaut wurde. Auf der Bundesstraße überqueren wir erneut die Alte Oder.

Davor könnten wir geradeaus ein kurzes Stück bis zum ehemaligen Wohnhaus von Louis Henri Fontane, dem Vater des Dichters, fahren, der hier ab 1850 seinen Lebensabend verbrachte. Das Haus wird zur Zeit restauriert und voraussichtlich ab 1998 wieder die Heimatstube der Gemeinde beherbergen.
Knapp zwei Kilometer weiter liegt der Ortsteil **Alttornow**. Hier befindet sich auf dem Friedhof die Grabstätte von Louis Fontane.

Nach wenigen hundert Metern haben wir die Wahl: Entweder wir biegen nach rechts ab auf die ruhigere Straße ins Zentrum von **Bad Freienwalde** und müssen dann nur ein kurzes Stück nochmals auf die Bundesstraße zurück, oder wir fahren von hier geradewegs auf der belebten Bundesstraße weiter.

Mehr zu empfehlen ist die erste Variante, es ist auch die sehenswertere. Deshalb fahren wir jetzt also nach rechts und erreichen bald darauf den Ortseingang. Am Bahnhof vorbei kommen wir auf den Markt mit der Nikolai-Kirche.

Bad Freienwalde liegt sicher im idyllischsten Teil des Barnimrandes zum Oderbruch. Die steil ansteigenden Hänge zum Wald- und Hügelland und die sich zum Oderbruch öffnenden Täler erheben die Stadt durchaus in den Rang einer „Bergstadt", den ihr auch Fontane zugestanden hat.
Der Ort entstand im 13. Jahrhundert im Schutz einer Burg auf dem Schloßberg zwischen zwei älteren slawischen Siedlungen, unweit der (damaligen) Oder. Hier kreuzten sich die zwei alten Handelsstraßen Berlin – Stargard und Frankfurt (Oder) – Stettin.
Nach den starken Zerstörungen im Dreißigjährigen Krieg begann der Aufstieg der Stadt zum Bäderort mit der Entdeckung der heilsamen Wirkung der eisenhaltigen Quellen im Jahre 1683. Schon 1684 wurde der Kurbetrieb vom Großen Kurfürsten Friedrich Wilhelm eröffnet. Damit ist Freienwalde der älteste Kurort der Mark Brandenburg.
Da auch König Friedrich I. und später die Königin Friederike-Luise von Preußen den „Gesundbrunnen" bevorzugten, wurde die Bautätigkeit in der Stadt gefördert. Es entstanden Badehäuser und Vorstädte. Später kamen Sanatorien dazu, die mit den seit 1840 genutzten Schwefel-Eisen-Moorbädern den Ruf von Freienwalde als Kurort zu Behandlung von rheumatischen Krankheiten begründeten.
Mit dem Bahnanschluß 1866 und dem Bau eines mondänen Kurhauses 1875 waren die Voraussetzungen gegeben, daß sich die Stadt nach der Jahrhundertwende sowohl zum bedeutendsten Kurbad in der weiteren Umgebung Berlins als auch zum Wintersportzentrum (!) und zur beliebten Wochenend-Sommerfrische entwickeln konnte. 1924 erhielt Freienwalde die Zusatzbezeichnung „Bad".
Der Zweite Weltkrieg brachte große Schäden an den Kurhäusern und Anlagen, so daß erst 1952 die Kureinrichtungen als Rheumasanatorium und Moorbad wiedereröffnet werden

konnten. Seit 1994 verfügt die Stadt über eine moderne Rehabilitationsklinik.

Das frühklassizistische **Schloß** wurde 1798/99 als Witwensitz für die erwähnte Königin durch David Gilly errichtet. **Walter Rathenau**, der 1922 ermordete Außenminister, erwarb es 1909 als Sommersitz. Aus diesem Grund beherbergt das Schloß heute eine Ausstellung zum seinem Leben und Wirken. (*Öffnungszeiten:* Mittwoch-Freitag 9-12 und 14-17 Uhr, Wochenende 13-17 Uhr).

Sehenswert ist ebenso der angrenzende Schloßpark – umgestaltet 1820 von Lenné – mit vielen schönen Blumen und dem Teehäuschen, das sich die Königin 1795 als kleines Schauspielhaus errichten ließ.

Das **Oderlandmuseum** befindet sich am Markt in einem adligen Freihaus aus dem 18. Jahrhundert. Es ist Regionalmuseum zum Oderbruch und den angrenzenden Höhengebieten. Gezeigt wird eine ständige Ausstellung zur Vor- und Frühgeschichte, Volkskunde und Kulturgeschichte sowie Trockenlegung und Be-

Das Schloß in Bad Freienwalde

TOUR 6

siedlung des Oderbruchs. (*Öffnungszeiten:* Dienstag-Freitag 10-17 Uhr, Wochenende 13-17 Uhr; November-Februar Samstag geschlossen).
Mit der Errichtung der spätgotischen Stadtkirche St. Nikolai wurde Mitte des 15. Jahrhunderts begonnen, unter Einbeziehung von Teilen eines früheren Feldsteinbaus. Sie besitzt eine sehr sehenswerte Innenausstattung.
Die St. Georg-Kirche an der *„Hauptstraße"* – ein hübscher Fachwerkbau von 1696 – wird seit ihrer Restaurierung 1978/86 als Konzerthalle genutzt.
Einen herrlichen Blick auf Stadt und Umgebung ermöglicht der Aussichtsturm auf dem Galgenberg. (*Öffnungszeiten:* April-Oktober am Wochenende 11-17 Uhr)

Vom Markt aus fahren wir in Richtung **„Frankfurt/Wriezen"** auf die *„Haupstraße"*, biegen vor der Brücke nach rechts ab in die *„Gesundbrunnenstraße"* und hinter der Unterführung ebenfalls nach rechts. Kurz darauf erreichen wir wieder die Bundesstraße und fahren auf dieser nach links weiter. Auf unserem Weg nach oben auf die Hochfläche des Barnims kommen wir am Haus der Naturpflege vorbei.

Botanisch und ökologisch Interessierte sollten hier unbedingt einen Besuch einplanen. Das vom Nestor des ostdeutschen Naturschutzes Kurt Kretschmann und seiner Frau Erna nach dem Krieg erbaute und von ihnen lange Zeit bewohnte Blockhaus wurde 1960 bis 1982 als Haus der Naturpflege eingerichtet, später als Büro genutzt und dient jetzt als Naturschutz-Museum. Es dokumentiert die Bemühungen um den Naturschutz in der DDR, dessen Erfolge, Schwierigkeiten und Niederlagen. Der eineinhalb Hektar große Schau- und Lehrgarten beherbergt nicht nur viele botanische Besonderheiten, sondern ist auch ein einzigartiges Freilandmuseum des Naturschutzes. Hier wird auch die Weiterentwicklung des naturnahen Gartens – der Total-Mulch-Garten – verwirklicht.
Kurt Kretschmann, dem das Naturschutzsymbol der Eule zu verdanken ist, und seine Frau wurden 1993 mit dem Europäischen Umweltpreis geehrt.
(*Öffnungszeiten:* April-September täglich 8–18 Uhr; Oktober-März wochentags 8–16 Uhr)

Bei der Weiterfahrt auf der Bundesstraße sehen wir links ehemalige Kasernen der sowjetischen/russischen Armee. Hier soll die „Waldstadt Bad Freienwalde“ mit Unterstützung der EU entstehen.

Hinter dem Kasernengelände, wo die Straße leicht nach links wegknickt, zweigt rechts nach vorn ein Weg ab, den auch der Radler mit schmalen Reifen nicht meiden muß. Denn schon nach 100 Metern beginnt ein herrlicher Verbundpflasterweg durch den Wald. Dieser führt uns bis **Dannenberg**. (Wer möchte, kann das Stück unbefestigten Waldweg auch noch verkürzen, indem er noch ein Stück auf der Bundesstraße weiterfährt und dann nach rechts abbiegt.)

In Dannenberg rollen wir jetzt auf Asphalt weiter. An der Kreuzung geht es weiter geradeaus in Richtung Krummenpfahl, egal ob links oder rechts vom Weiher.

Nach **Krummenpfahl** fahren wir in den **Gamengrund**; rechts liegt der **Gamensee** mit einer Badestelle. Aus dem Gamengrund müssen wir uns allerdings auf Betonplatten hochkämpfen. Danach wird es aber wieder wesentlich bequemer, bis **Kruge** ist die Straße sehr gut. Dort erwartet uns zwar eine Pflasterstraße, allerdings können wir auf den Betonweg daneben ausweichen. An der Kreuzung am Weiher fahren wir nach links und dann die Hauptstraße bis **Heckelberg** weiter, wo wir auf die Straße Tiefensee–Eberswalde stoßen. Auf dieser radeln wir nach links durch den Ort.

Besonders auffällig ist die große Granitquaderkirche, die auf eine beabsichtigte größere Bedeutung des Ortes schließen läßt. Sie stammt aus der Mitte des 13. Jahrhunderts und hat einen schönen Schnitzaltar aus dem 15. Jahrhundert.

Drei Kilometer müssen wir nun noch mit etwas mehr Verkehr vorlieb nehmen, dann können wir nach Passierens eines kleinen Waldstücks auf eine Betonstraße rechts abbiegen. Diese ist mit einem Tempo-30-Schild versehen (mehr schaffen wir wahrscheinlich heute ohnehin nicht mehr …)

Sehr ruhig fahren wir nun nach **Freudenberg**, dort am Weiher vorbei und an der Kirche nach rechts in Richtung **Beiersdorf**. Hier radeln wir zunächst auf der Hauptstraße an der Kirchenruine (Mitte 13. Jahrhundert) vorbei und biegen am Ortsrand nach rechts ab **(„Schönfeld“)**.

In **Schönfeld** biegen wir am Weiher (Kirche, Mitte 13. Jahrhundert) nach links ab in Richtung Bernau/Werneuchen. An der nächsten Gabelung fahren wir rechts weiter nach und durch **Willmersdorf**. Hier ist eine gut erhaltene und sorgfältig ausgeführte spätromanische Feldsteinkirche aus der ersten Hälfte des 13. Jahrhunderts mit Doppeltürmen aus dem 19. Jahrhundert zu bewundern.

Hinter dem Ort stoßen wir nach einiger Zeit auf die Straße Seefeld – Bernau, auf diese biegen wir nach rechts ab. Bald erreichen wir **Bernau**, wo wir bis zur Ampelkreuzung hinter der Eisenbahnbrücke fahren. Von hier ist es nach links bloß noch ein kleines Stück bis zum Bahnhof.

Den Wald und lauter Bäume sehen: Forstbotanisches Museum Eberswalde

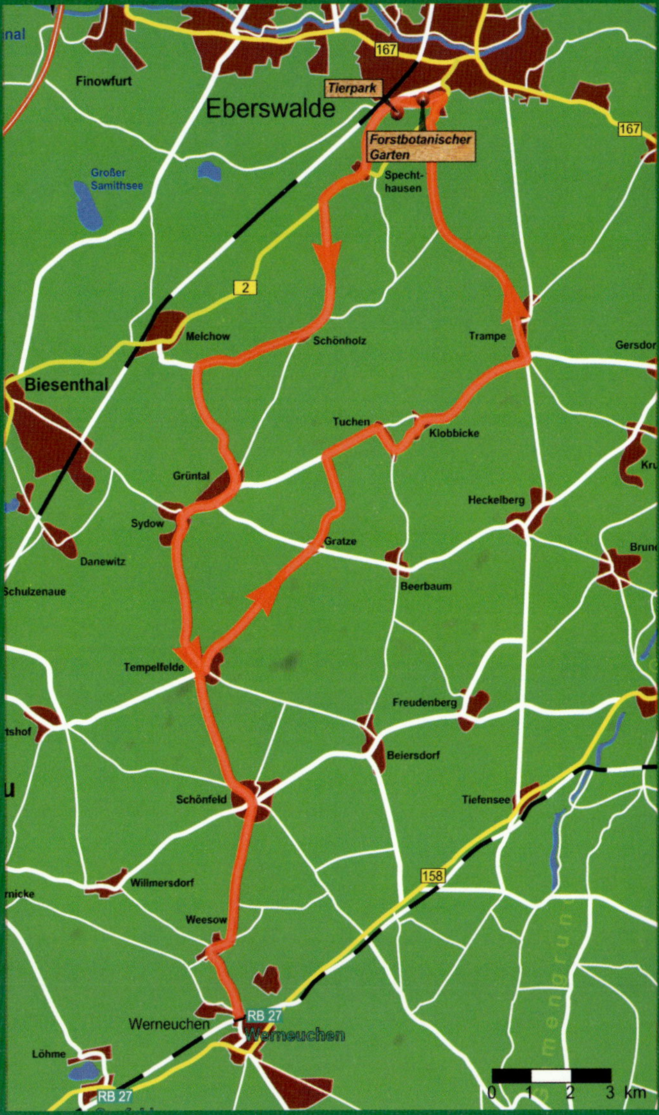

Start und Ziel: Bahnhof Werneuchen
Streckenlänge: 62 km
Abkürzungen: Zurück mit der Bahn ab Eberswalde, von Schönholz direkt nach Grüntal
Wegbeschaffenheit: Überwiegend asphaltierte Straßen mit Kopfsteinpflasterabschnitten, 14 km Fahrwege
Sehenswertes (Auswahl): Schloßpark Trampe, Eberswalde: Forstbotanischer Garten, Tierpark, Museum, Insektenausstellung
Einkehrmöglichkeiten (Auswahl): Trampe, Eberswalde, Schönholz, Schönfeld

Eine schöne, waldreiche und zumeist sehr ruhige Fahrt auf der Barnimplatte bis zu deren Rand am Eberswalder Urstromtal. Hier sehen wir aber nicht nur den Wald, wir können ihn auch näher kennenlernen. Und wo geht das besser als in der „Märkischen Waldmetropole", in der seit 1830 eine Forstakademie existierte, deren Tradition heute die Fachhochschule fortführt. Zu dieser gehört der sehr sehenswerte Forstbotanische Garten, in dem man sich über den Wald im allgemeinen und besonderen anschaulich informieren kann.

★

Wenn wir aus dem Bahnhof kommen, fahren wir nach rechts. Es erwartet uns gleich das übliche Kopfsteinpflaster, allerdings gibt es links einen Betonweg. Wir überqueren den Bahnübergang (rechts) und lesen am Ortsausgangsschild den Namen des nächsten Ortes – *Weesow*. Auf der etwas belebten Asphaltstraße haben wir einen schönen Blick über die Barnimplatte, in Richtung der ausgedehnten Waldgebiete bei Tiefensee.

In **Weesow** sowohl die spätromanische Dorfkirche aus Feldsteinen (Mitte 13. Jahrhundert) wie auch die Tafel an der Gaststätte „Kronprinz" erwähnenswert. Hier gibt man kund, daß Friedrich II., als er noch Kronprinz Friedrich von Preußen war, das Lehen Weesow aufgrund der „landwirtschaftlichen Anmut" kaufte.

Bei der Kreuzung an der Kirche folgen wir dem Abzweig rechts nach **Schönfeld** und kommen dann an der erwähnten Gaststätte vorbei. Wir bleiben bis zum nächsten Ort auf nun der sehr ruhigen Straße, die in großen Teilen von Apfelbäumen gesäumt wird.

In Schönfeld halten wir uns an der Gaststätte mit dem schönen Namen „Ritter zur Linde" zunächst rechts und fahren weiter bis zur T-Kreuzung vor einem Weiher (rechts Kirche, Mitte 13. Jahrhundert).

Hier biegen wir nach links ab in Richtung **„Biesenthal/ Tempelfelde"**. Wir fahren durch **Tempelfelde** (der Name leitet sich vom Templer-Orden ab; die Kirche ist spätromanisch) geradeaus und dann auf einer schönen Kastanienallee bis nach **Gratze**. Hier machen wir einen Rechts-links-Schwenk auf einen Betonplattenweg. Auf diesem radeln wir weiter bis zu einer asphaltierten Kastanienallee. Hier geht es dann nach rechts weiter bis **Tuchen**.

Der Ort hat eine restaurierte schmucke gelbe Fachwerkkirche (1711/18), an der wir auf der gepflasterten Hauptstraße mit Randstreifen vorbeifahren. Hinter Tuchen geht es weiter auf Asphalt nach **Klobbicke**. Hier steht eine frühgotische Feldsteinkirche aus der ersten Hälfte des 13. Jahrhunderts, die, wie auch die Tuchener Kirche, eine interessante Innenausstattung aufweist.

Das nächste Dorf ist **Trampe**. Hier biegen wir nach links ab auf die *„Dorfstraße"* in Richtung **„Eberswalde"**.

Die Fachwerkkirche in Tuchen

Links, etwas versetzt von der Straße, steht das ehemalige **Schloß**, welches 1780 als vollständiger Umbau eines Schlosses von 1657 errichtet wurde. Von 1804 bis 1945 lebte die bekannte Familie von Schulenburg hier. Leider wurde das Schloß 1970 durch Umbauten als Denkmal völlig entwertet. Interessant ist besonders der ehemalige Schloßpark, der Ende des 18. Jahrhunderts zu einem Landschaftspark umgestaltet wurde und einen wertvollen Baumbestand hat.

Wir radeln nun zunächst auf der Hauptstraße, und, wo diese nach rechts abbiegt, weiter geradeaus.

(Die Straße nach Eberswalde ist ziemlich verkehrsreich, wer aber dies in Kauf nehmen möchte, überspringe nun die nächsten Absätze.)

Auf der *„Dorfstraße"* verlassen wir **Trampe** und bleiben an der nächsten Gabelung auf der asphaltierten Straße (rechts). Wir radeln nun durch ehemaliges Übungsgelände der sowjetischen/russischen Armee.

Die Straße schwenkt bald nach links, wir aber fahren weiter leicht rechts, fast geradeaus, auf einen Fahrweg in den Wald. (Wenn wir den Weg verpaßt haben, ist das kein Problem, denn kurz danach ist die Straße gesperrt, so daß wir nur ein kleines Stück zurück müssen.)

Der gut befahrbare Weg endet auf einem ähnlich guten, auf dem wir jetzt nach rechts radeln. Von diesem Fahrweg, der später in eine Kopfsteinpflasterstraße mit Randstreifen übergeht, biegen wir jetzt bis zur Bundesstraße B 2 nicht mehr ab.

Bevor wir aber dort ankommen, sehen wir auf der rechten Seite eine Schutzhütte. Hier stand bis 1897 die damals 300 Jahre alte „Bunte Buche", in deren Rinde Namen von hier durchgezogenen Soldaten Napoleons eingeritzt waren.

Nach einer aufgrund der Qualität der Fahrstraße etwas halsbrecherischen Abfahrt erreichen wir die B 2. Auf dieser fahren wir nach rechts und hinter dem Ortseingang von **Eberswalde** scharf nach links *(„Schwappachstraße")*.

Wer einen Abstecher in die Stadt machen möchte, fährt hier einfach weiter geradeaus.
Diejenigen, die von Trampe auf der Straße nach Eberswalde gefahren sind, orientieren sich in der Stadt in Richtung Berlin auf

der B2 und erreichen die Schwappachstraße kurz vor dem Ortsausgang rechts.

Nach rund einem halben Kilometer haben wir den Eingang des sehr sehenswerten **Forstbotanischen Gartens im Landschaftsschutzgebiet Schwärzetal** erreicht.

Dieser besteht aus zwei Teilen, dem Solitär-Arboretum (eingezäunte ältere Gartenanlage, solitär: einzeln) und dem Kleinbestands-Arboretum (offene Gartenanlage).
Mit der Verlegung der Forstakademie von Berlin nach Eberswalde 1830 entstand gleichzeitig ein Forstbotanischer Garten. Er gehört damit zu den ältesten Gärten seiner Art in Europa.
Ab 1868 wurde er auf seinen jetzigen Standort verlegt. In den Apriltagen des Jahres 1945 führten Kampfhandlungen zu schwersten Verlusten. Erst 1950 begann der planmäßige Wiederaufbau, 1954 wurde das flächenmäßig weitaus größere Kleinbestands-Arboretum angelegt.
Das Solitär-Arboretum besitzt auf acht Hektar etwa 1100 Gehölzsippen und außerdem über 600 angepflanzte und wildwachsende Krautpflanzen, die in Spezialflächen mit hoher Lehrfunktion zu finden sind. Darunter befinden sich viele Gehölze, die auch ästhetisch interessant sind.
Ein Besonderheit des Arboretums ist das Quellmoor mit einem großen Bestand an wildwachsendem Riesen-Schachtelhalm.
(*Öffnungszeiten* des Solitär-Arboretums: 1.4.–31.10. 9-18 Uhr, sonst 9-15 Uhr)

Auch wenn die Tour **Eberswalde** nur am Rande streift, sollen ein paar Informationen den (späteren?) Besuch der Stadt anregen.
An einer wichtigen Furt durch die Finow gelegen, entwickelte sich hier unter Verschmelzung früherer Siedlungen eine Marktsiedlung. Diese wird erstmals 1276 als „Everswolde" urkundlich erwähnt und erhält um 1300 Stadtrecht. Durch die Stadt führte die wichtige Handelsstraße Leipzig – Frankfurt (Oder) – Stettin.
In der Umgebung der Stadt, an der Finow, entstand im 16. und 17. Jahrhundert unter Eisen- und Kupferhämmern das älteste Industriegebiet der Mark. Von 1743 bis 1755 siedelten sich in

der neuen Vorstadt auf dem Kienwerder auf Betreiben Friedrich II. Thüringer Metallarbeiter an. Ein Stahl- und Eisenwerk entstand bald darauf.
Der Bau der Eisenbahnlinie Berlin – Stettin 1842/44 brachte neue Impulse für die Entwicklung der Stadt. Obwohl Eberswalde in erster Linie ein Industriestandort war, gab es bis zur Jahrhundertwende immer wieder Versuche, die eisenhaltigen Quellen für einen Kur- und Badebetrieb zu nutzen.
Brachte schon der Dreißigjährige Krieg großes Leid über die Stadt, so wurden ihr auch im Zweiten Weltkrieg tiefe Wunden gerissen. Nachdem sowjetische Truppen Eberswalde am 25. April 1945 eingenommen hatten, flogen in der Nacht zum 26. April deutsche Bomber einen Angriff, bei dem ein Drittel der historischen Innenstadt zerstört wurde.
Der Wiederaufbau danach zeigte verschiedene Gesichter – auf der einen Seite vernachlässigte Werterhaltung, wurden dennoch viele alte und beschädigte Bauwerke rekonstruiert. Vor allem entwickelte sich Eberswalde zu einem Zentrum der Metallindustrie (unter anderem Kranbau und Walzwerk) und der Produktion und Verarbeitung fleischlicher Produkte (bekannt sind vor allem die „Eberswalder Würstchen").
1970 erfolgte die Vereinigung der Städte Finow (seit 1928 selbständige Großgemeinde) und Eberswalde zu Eberswalde-Finow. Jetzt heißt die Stadt wieder Eberswalde und ist seit dem Dezember 1993 Kreisstadt des Landkreises Barnim.
Nach der „Wende" gab es erhebliche Umbrüche in der Industrie. Größere Betriebe wurden umgestaltet oder geschlossen. Neue Arbeitsplätze zu schaffen und alte zu erhalten erweist sich als sehr kompliziert. Positiv anzuerkennen sind aber die Bemühungen, alle Ansiedlungen von Gewerbe unter dem Ziel zu betrachten, Eberswalde als „Waldstadt" zu entwickeln.
Auch wenn viele alte Gebäude im Krieg zerstört wurden, so sind doch einige bemerkenswerte Bauwerke erhalten geblieben. Dazu gehören:
- die Stadtkirche St. Maria Magdalena: frühgotische dreischiffige Backsteinkirche, erbaut Ende des 13. Jahrhunderts unter dem Einfluß der Klosterkirche Chorin, 1874/76 umfassend gotisierend restauriert; ungewöhnliche reiche Ausstattung der Portale mit Bauplastik (besonders wertvoll die schönen Terrakottareliefs), im Innern unter anderem ein prächtiger Altarauf-

TOUR 7

satz von 1606 und ein bronzenes Taufbecken aus dem 13. Jahrhundert
- die Hospitalkapelle St. Georg: einschiffiger gotischer Backsteinbau aus dem 15. Jahrhundert
- das alte Rathaus: Spätbarockbau von 1775 mit farbigem Stadtwappen (1866)
- die (ehemalige) Adler-Apotheke: zweigeschossiges Fachwerkhaus von 1623, 1663/65 erneuert
- der Löwenbrunnen (1836) von Christian Daniel Rauch vor der Löwenapotheke (1703)

Unbedingt besichtigenswert sind auch das Museum (Kirchstraße 8, ab September 1997 in der Adler-Apotheke, Steinstraße 3. *Öffnungszeiten:* Dienstag-Freitag 8–12 und 14–17 Uhr, Sonntag 14–17 Uhr) und die Insektenausstellung im Deutschen Entomologischen Institut (*Öffnungszeiten:* Mittwoch 14–18 Uhr, Sonntag 14–17 Uhr).

Im Museum werden neben der Darstellung der Stadtgeschichte und dem Eberswalder Beitrag zur Entwicklung der Rundfunktechnik auch Nachbildungen des Eberswalder Goldfundes gezeigt. Dieser wurde 1913 in der damaligen Messingwerksiedlung entdeckt und umfaßte 81 Goldgegenstände aus der späten Bronzezeit (9. Jahrhundert vor unserer Zeitrechnung) mit einem Gewicht von 2,59 Kilogramm. Er wurde im Völkerkundemuseum von Berlin gezeigt, galt aber nach dem Zweiten Weltkrieg als verschollen. 1991 wurden erstmals Hinweise auf den Verbleib des Schatzes bekannt. Weitere Recherchen ergaben, daß sich der Goldfund im Moskauer Puschkinmuseum befindet. Dort kann er jetzt besichtigt werden.

Ein Tip: Wer bei anderer Gelegenheit die Stadt in ihrer Längsausdehnung ruhig und erlebnisreich durchqueren will, der kann den Treidelweg entlang der Finow benutzen. Er wurde 1996 rekonstruiert als Rad- und Wanderweg eröffnet.

Wir radeln nun weiter auf der *„Schwappachstraße"*, die ab hier für den motorisierten Verkehr gesperrt ist, und später in einen unbefestigten Fahrweg übergeht.

Nach dem Passieren einer kleinen Schranke radeln wir in den Wald und am Zainhammerteich vorbei. Der mit einem grünem Strich markierte Weg bringt uns, nach Überquerung einer kleinen Brücke, bis zum Eingang des Tierparks (mit Gaststätte).

Schon 1795 existierte hier mit dem Wasserfall eine Attraktion, die **Eberswalde** für Besucher so anziehend machte.
Ab 1929 entstand dann auch ein kleiner Wildpark, der allerdings zusammen mit den Wasserfallanlagen 1945 durch Kriegseinwirkungen völlig zerstört wurde. Ab 1958 begann der Wiederaufbau unter der Mitwirkung vieler freiwilliger Helfer.
Heute leben hier auf 24 Hektar circa 1000 Tiere von 120 Arten inmitten einer herrlichen Mischwaldlandschaft. Es sind vor allem einheimische Arten, aber auch „Exoten", die in biotopgerechten Gehegen untergebracht sind. Und natürlich gibt es immer noch den Wasserfall.
(*Öffnungszeiten*: 9–18 Uhr bzw. bis zum Einbruch der Dunkelheit)

Wir fahren nun auf der Straße bis zu einem Wegweiser-„Pilz" vor dem Bahnübergang und dort nach links entlang des Tierparks. Diese Straße ist zunächst asphaltiert, dann aber mit Schotter und Schlacke befestigt, jedoch einigermaßen gut befahrbar. Bergab rollen wir durch den schönen Auenwald des Schwärzetals nach **Spechthausen** und biegen hier nach rechts auf die B 2 ab.

Am Ortsrand von Spechthausen zweigt links ein Weg zur „Waldschule Nonnenfließ" ab, auf dem wir ebenfalls zu unserer nächsten Station Schönholz kommen würden, allerdings recht beschwerlich und ohne Wanderkarte nicht zu empfehlen. Entschädigt würden wir durch die sehr interessante, abwechslungsreiche Landschaft und Vegetation entlang des mäandrischen Nonnenfließes.

Knapp anderthalb Kilometer müssen wir noch auf der (im Vergleich zu anderen, noch relativ „ruhigen") Bundesstraße fahren, dann biegen wir links ab nach **„Schönholz"**. Auf der sehr ruhigen Straße erreichen wir nach einiger Zeit dieses kleine Dorf, das immerhin eine empfehlenswerte Gaststätte hat.

In Schönholz ist „die Welt zu Ende", denn hier hört die Straße auf. Weiter geht es auf einem Fahrweg, wobei wir uns an der Gabelung am Ortsrand rechts halten („Bahnhof Melchow"). Auf dem holprigen Weg fahren wir bis zu einer Siedlung von **Melchow**. Hier befindet sich am Weg eine Pflegestation für Wildtiere mit einer entsprechenden Informationstafel.

TOUR 7

An der Kreuzung dahinter biegen wir nach links ab und radeln auf Asphalt sehr ruhig weiter bis **Grüntal**.

Hier halten wir uns an der ersten Kreuzung rechts, fahren geradeaus an der Dorfkirche (ursprünglich Mitte 13. Jahrhundert) und, nun schon im Ortsteil Sydow, an einem ehemaligen Rittergut mit Park und Feldsteinmauer vorbei. Dahinter biegen wir nach links in Richtung **„Werneuchen/Tempelfelde“** ab. Nach dem Abzweig sehen wir auch die vor kurzem rekonstruierte Kirche des Rittergutes, die Mitte des 13. Jahrhunderts erbaut, später barock umgestaltet wurde.

Sehr ruhig radeln wir nach **Tempelfelde** und dort auf der Hauptstraße in Richtung Werneuchen. Ab hier kennen wir ja die Strecke schon vom Anfang der Tour.

Der nächste Ort ist **Schönfeld**, hier biegen wir am Weiher nach rechts ab und fahren an der nächsten Gabelung in Richtung Werneuchen (links). Im nächsten Ort, **Weesow**, radeln wir vor der Kirche ebenfalls nach links und haben dann bald den Bahnübergang und den Bahnhof **Werneuchen** erreicht.

Aus der Hektik in die Stille:

Start und Ziel: S-Bahnhof Ahrensfelde
Streckenlänge: 46 km (ohne Rundfahrt Stadtmauer Altlandsberg)
Abkürzungen: Von der Wesendahler Mühle nach Strausberg (S-Bahn). Von Wegendorf zum Bahnhof Werneuchen
Wegbeschaffenheit: Zum größeren Teil asphaltierte Straßen, sonst Fahrwege
Sehenswertes: Altlandsberg (Marienkirche, Stadtbefestigung), Wesendahler Mühle
Einkehrmöglichkeiten: Altlandsberg, Wesendahler Mühle, Wegendorf, Krummensee, Mehrow, Ahrensfelde

Zu den Lieblingstouren des Autors gehört die Fahrt zur Wesendahler Mühle bei Strausberg. Er ist diese Strecke schon oft gefahren, doch immer wieder über die Kontraste, den abrupten Wechsel zwischen Großstadt und landschaftlicher Idylle überrascht.

Das macht den besonderen Reiz dieser Tour aus – es sind nicht spektakuläre Sehenwürdigkeiten, es sind die kleinen stillen Schönheiten am Rande des Weges, die diese Tour interessant und erholsam zugleich werden lassen.

Wesendahler Mühle

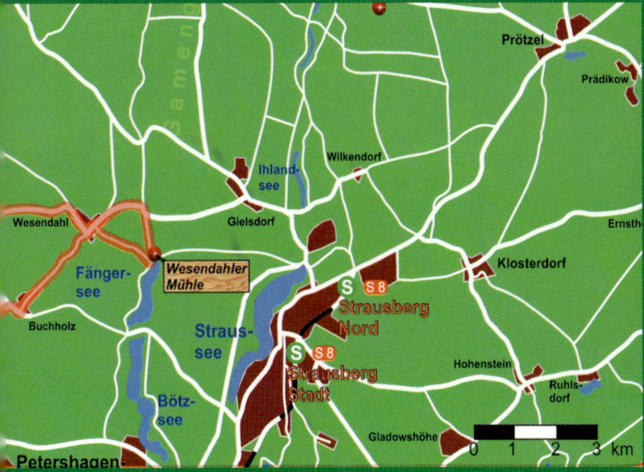

Wir beginnen die Tour am hinteren Ausgang des S-Bahnhofes Ahrensfelde. Zunächst fahren wir auf der senkrecht zur Bahnlinie führenden *„Havemannstraße"*.

Am Ende der *„Havemannstraße"* fahren wir weiter geradeaus an einer Wegsperre (Schranke) vorbei und benutzen den Weg, der links am Strommast vorbeiführt. Ohne abzubiegen geht es nun geradeaus unter der Stromleitung hindurch bis zu einem kleinen Bach: die Wuhle. Diesen überqueren wir und fahren, sofort rechts abbiegend, am Bach entlang.

Nun sind wir schon in Brandenburg, und der Kontrast kann kaum größer sein: rechts von uns, ein ganzes Stück hinter dem Bach mit Erlen und alten Weiden, das Häusermeer von Marzahn-West, vor uns die begrünten Ahrensfelder Berge, die zu den höchsten Erhebungen in Berlin gehören und früher Müllkippen waren, links von uns eine Gartensiedlung und dahinter das Dorf Eiche mit der spätgotischen Kirche.

An der nächsten Wegkreuzung (rechts führt ein Weg über den Bach) fahren wir nun nach links und zwischen einer neuen Wohn- und einer Gartensiedlung auf den Ortseingang von **Eiche** zu. Hier gelangen wir auf eine Asphaltstraße, in die wir zunächst nach links einbiegen, und die wir am nächsten Weg rechts, an der Firma für Beton-Kunstgegenstände und Steinmetzarbeiten, wieder verlassen. Zunächst rechts haltend, fahren wir nun zwei Kilometer geradeaus auf einem Feldweg, zunächst entlang einer glücklicherweise vor längerer Zeit stillgelegten Kläranlage.

Auch hier ist der Kontrast beeindruckend: wir fahren auf einem ausgesprochen ruhigen Weg, und rechts, in einigem Abstand, gibt es den „schönsten" Einkaufstrubel in einem der größten städtischen Einkaufszentren im Osten Berlins, dem Kaufpark Eiche am Rand von Hellersdorf.

Am Ende der Kläranlage geht es weiter geradeaus in Richtung eines kleinen Wäldchens. Zum Teil wird der Weg nun sandig, so daß wir bei trockenem Wetter unter Umständen ein kurzes Stück unser Rad schieben müssen.

An einer Kreuzung angekommen, bei der rechts hinter einer Wegsperre ein Asphaltsträßchen namens „*Eicher Weg*" beginnt, biegen wir in diese fast unbefahrene Siedlungsstraße ab. Diese fahren wir bis zum Dorf **Hönow** weiter

Zwischendurch kommen wir nach einer kleinen Abfahrt an den Hönower Seen (**Retsee** links, **Haussee** rechts) vorbei, eine kleine Seenkette, die als Schmelzwasserrinne ein Produkt der Eiszeit ist. Wir sollten das sich bietende Idyll kurz genießen; Baden ist allerdings nicht unbedingt zu empfehlen.

Am Reiterhof erreichen wir die Hauptstraße durch das Dorf, radeln zunächst nach links und dann nach rechts (Fernradweg „R 1", „Schwarzer Weg").

Der nächste Streckenabschnitt über die Autobahn hinweg ist etwas belebter und auch nicht so interessant. Wir radeln dabei auf der Hauptstraße (und entsprechend der Radrouten-Ausschilderung) weiter bis **Altlandsberg**, wo wir an der ersten T-Kreuzung nach rechts abbiegen und an der nächsten nach links in Richtung **„Buchholz"**.

Vor diesem Abzweig ist rechts ein ehemaliger Gutshof zu sehen. Wenn wir durch dessen Eingang fahren würden, gelangen wir nacheinander zur Schloßkirche, zur Stadtmauer rechts, zur Stadtkirche St. Marien und zum Marktplatz.

Altlandsberg bietet noch heute das beschauliche Bild einer alten märkischen Stadt mit beinahe mittelalterlichem Charakter und steht damit im herrlichen Konstrast zu den östlichen Satelliten-

städten von Berlin. Allerdings wurde die Stadt in der Zeit bis 1990 vernachlässigt, und auch jetzt geht der Erhalt der Bausubstanz nur sehr schleppend vor sich. Zwar wurden einige Häuser restauriert, jedoch schreitet der Verfall an anderen weiter voran. Das kleine Städtchen, knapp 3000 Einwohner, hat eine wechselvolle und interessante Geschichte. Um 1230 entstand hier im Zuge der Kolonialisierung des Barnims eine Burg mit Suburbium. Noch vor 1257 erhielt die südlich von der Burg enstandene Marktsiedlung das brandenburgische Stadtrecht.
Nach einem Brand 1684 wurden die Straßen begradigt und verbreitert und der Marktplatz auf den heutigen Standort verlegt. Der auf der Gründungszeit beruhende Stadtgrundriß prägt noch heute das Stadtbild.
Die Stadtkirche St. Marien ist eine dreischiffige Pfeilerbasilika aus Feldstein, im Kern aus der Mitte des 13. Jahrhunderts, nach der Zerstörung durch die Hussiten 1432 spätgotisch umgebaut und im 19. Jahrhundert erneuert. Die barocke zeltförmige Turmhaube mit dem obeliskartigen Aufsatz kam erst 1772 dazu. Im Innern sind unter anderm eine Holzkanzel aus der Zeit um 1600 und ein spätgotischer Taufstein vom Ende des 15. Jahrhunderts zu sehen.
Die Schloßkirche wurde 1768 an der Stelle des südlichen Seitenflügels des ehemaligen Schlosses unter Verwendung von Teilen und Portalen des abgerissenen Schlosses errichtet.
Sehenswert sind auch die weitgehend erhaltene Stadtmauer aus Feldsteinen aus dem 14. Jahrhundert und zwei Tortürme. Davon kann man sich am besten auf einem ausgeschilderten und gut befahrbaren Weg entlang der Mauer überzeugen. Diese relativ kurze Fahrt (2,5 km) ist ein wirklich beeindruckendes Erlebnis, manchmal fühlt man sich dabei wirklich ins Mittelalter zurückversetzt.

Nach dem Abzweig „Buchholz“ verlassen wir auf der Hauptstraße den eigentlichen Kern von Altlandsberg, das Ortsausgangsschild folgt dann viel später. Es schließt sich eine schöne Allee an mit Ahorn-, Linden- und Kastanienbäumen. Am Ortsrand von **Buchholz** zweigt die Straße nach links ab, wir fahren nach rechts in den Ort und biegen an der Bushaltestelle links in die *„Wesendahler Straße“* ab. (Ein malerisches Bild bietet die im Kern mittelalterliche Dorfkirche am Anger).

Die Beton-, später Pflasterstraße endet am Ortsausgang, weiter geht es dann zwei Kilometer auf einem stillen Fahrweg bis **Wesendahl**. Sehr schön sind hier die „Bauminseln“ inmitten der Felder.

In Wesendahl erreichen wir eine Asphaltstraße, auf der wir allerdings nur ein kurzes Stück nach rechts fahren und dann in die *„Mühlenstraße“* rechts abbiegen („Wesendahler Mühle“). Links sehen wir eine neue Siedlung, deren Häuser nur schlecht zum Charakter des (im positiven Sinne) alten Dorfes passen (was leider auch anderswo anzutreffen ist).

Der sich am Ortsrand anschließende Fahrweg bringt uns nun direkt zur Wesendahler Mühle.

Die **Wesendahler Mühle** wurde 1620 erbaut und hat ein eisernes Mühlrad. Sie ist heute Gaststätte und Pension. Aber es ist vor allem die schöne, ruhige Lage in der eiszeitlichen Schmelzwasserrinne (in der Verlängerung des Gamengrundes) und am Fängersee, die den besonderen Reiz dieses zu jeder Jahreszeit lohnenden Ausflugsziels ausmacht.

Von der Mühle radeln wir nun auf dem Fahrweg ein Stück zurück bis zu einem Weg an einem kleinen Hang rechts, dem *„Heidewanderweg“* in Richtung **„Leuenberg“**. Diesem Talweg folgen wir bis

Die Ruine der spätromanischen Kirche in Wesendahl

zu einer Straße, auf der wir nach links und bergauf nach Wesendahl zurückfahren. Jetzt bleiben wir allerdings auf der Hauptstraße.

In Wesendahl können wir eine alte Feldsteinkirche (Mitte 13. Jahrhundert) bewundern, die zwar seit 1945 Ruine ist (nur der Chor wurde wiederhergestellt), aber gerade dadurch einen besondere romantische Ausstrahlung hat.

Hinter dem Ort fahren wir nach einer Linkskurve auf einer ziemlich geraden Straße, die jedoch durch ihre Anlage als Allee überhaupt nicht langweilig ist. Wir erreichen **Wegendorf**, fahren geradeaus an der Kirche (Mitte 13. Jahrhundert, reicher Altaraufsatz 17. Jahrhundert) vorbei auf die neue Straße (davor Kopfsteinpflaster) und am Ortsausgang auf den weiterführenden Fahrweg. Hier kann es manchmal ganz schön „holpern". Allerdings hat auch dieser Abschnitt nach nicht allzu langer Zeit ein Ende, denn weit vor **Krummensee** beginnt wie aus dem Nichts ein asphaltiertes Streckenstück, das am Ortsrand allerdings einfach so endet.

Wir fahren nun am nächsten Abzweig nach links, der Fahrweg bringt uns am See vorbei zur Straße Altlandsberg – Seefeld. Links steht eine schöne spätgotische Feldsteinkirche mit hohem Querturm und neugotischem Backsteinquerschiff.

Wir radeln hier zunächst nach links und hinter der Gaststätte nach rechts *(„Ringstraße")*. Nun erwartet uns hintereinander eine Kopfsteinpflasterstraße (mit Weg), ein Fahrweg und dann bald eine asphaltierte, schmale und hügelige Straße, auf der ein motorisiertes Fahrzeug eher eine Ausnahme ist. Auf dieser Straße kommen wir an einem Reiterhof mit Reithalle vorbei und erreichen dann nach einer Rechts-links-Kurve eine Kreuzung, an der wir nach rechts weiterfahren (*„Trappenfelder Straße"*). Dem Verlauf dieser Asphaltstraße folgen wir nun, zuerst nach rechts, dann nach links und nochmals nach links. An einer Seenkette vorbei fahren wir bis zu einer T-Kreuzung und dort nach rechts unter der Autobahn hindurch. In **Mehrow** erreichen wir vor der frühgotischen Feldsteinkirche die Straße Hönow – Ahrensfelde. Auch hier verwundert, wie gut sich der dörfliche Charakter des Ortes im „Schatten" von Berlin erhalten hat. (Vor nicht allzulanger Zeit wurde dieser Eindruck noch durch eine „mörderische" Kopfsteinpflasterstraße verstärkt. Daß sie jetzt asphaltiert ist, ist vielleicht schade, aber der Radler ärgert sich darüber nicht so sehr.)

Auch im Vergleich mit den Hochhäusern von Marzahn, die wir jetzt auf unserer Weiterfahrt nach Ahrensfelde sehen, möchte man hoffen, daß diese Besonderheit bewahrt bleibt. Jedoch ist zu erwarten, daß neue Ansiedlungen mit Ein- und Mehrfamilienhäusern den „Abstand" (in mehrfacher Hinsicht gesehen) überbrücken werden.

In **Ahrensfelde** fahren wir entlang der Bundesstraße auf dem Radweg nach links. Hier ist nun gut zu sehen, wie sich der Charakter eines Dorfes durch „Modernisierung" erheblich verändern kann. Dennoch hat auch Ahrensfelde noch(!) seinen Reiz.

Vor dem Bahnübergang biegen wir nun nach links ab und haben dann bald den S-Bahnhof Ahrensfelde erreicht.

Exkurs:
Dorfkirchen im östlichen Brandenburg

Ostbrandenburg ist reich an sakralen Bauwerken aus der Kolonisationszeit – der Besiedlung und Landkultivierung – des 13. und frühen 14. Jahrhunderts. Insbesondere auf den Hochflächen der Uckermark, des Barnims und des Landes Lebus findet man schöne spätromanische oder frühgotische Dorfkirchen, die alle aus Feldsteinen erbaut wurden, aber vielfach Details, Portal- und Fensterlaibungen, Blendgliederungen oder Giebel beziehungsweise spätere Anbauten aus Backstein besitzen, woraus dann ihre Entstehungszeit und ihre Baugeschichte abgeleitet werden kann. Bei einigen Kirchen in der Umgebung von Strausberg wurden neben den Granitsteinen auch solche aus Kalkstein verwendet, die aus den Brüchen von Rüdersdorf kamen.

Bei der Verarbeitung der Steine ist gewissermaßen eine Entwicklung zum „Flüchtigen" zu erkennen. Wurden die Feldsteine in der Frühphase noch exakt zu Quadern behauen und zu einem sauber geschichteten Mauerwerk verarbeitet, so ist später eine Vernachlässigung des Steinschnitts und der Steinsetzung zu verzeichnen. Die Feldsteine wurden häufig nicht mehr behauen, sondern nur noch gespalten und in einem Gemisch mit Backsteinen verarbeitet.

Der hier vorherrschende Dorfkirchentyp des 13./14. Jahrhunderts hat ein relativ kurzes, rechteckiges Schiff (oder Saal) mit einem eingezogenen (schmaleren) rechteckigem Chor. Vollendete

Beispiele besitzen zudem einen vorgelagerten massigen Querturm (mit bis zu zwei Meter starken Mauern) in der Breite des Schiffs und zwar im Westen, und/oder eine halbkreisförmige Apsis im Osten. Eine beeindruckende Verkörperung dieser klassischen Form befindet sich im Dorf Hönow, die Art ohne Turm und Apsis wird sehr gut durch die Kirche in Reichenow repräsentiert.

Ein Großteil der in Feldstein erbauten Dorfkirchen hat aufgrund ihrer stabilen Bauweise – bis ins 18. Jahrhundert hinein waren sie Fluchtburgen für die Dorfbewohner – die Wirren der Zeiten verhältnismäßig gut überstanden, auch wenn sie in Kriegen, besonders im letzten, mehrmals Schäden erlitten. Jedoch wurden die zerstörten Kirchen zumeist wiederhergestellt, und auch dort, wo nur eine Ruine zu sehen ist, bietet sich immer noch ein eindrucksvollen Bild, wie beispielsweise in Wesendahl.

Andere Arten von Dorfkirchen entstanden infolge der Kolonisation des 17./18. Jahrhunderts. In Ostbrandenburg betraf dies vor allem das Oderbruch, wo nach der Trockenlegung zahlreiche Siedlungen in der zweiten Hälfte des 18. Jahrhunderts und im frühen 19. Jahrhundert entstanden. Dabei wurden auch Fachwerkkirchen erbaut, von denen manche trotz der schweren Kämpfe zu Ende des Zweiten Weltkrieges noch erhalten sind, so in Sietzing und in Altlangsow.

Viele Dorfkirchen der östlichen Mark sind aber nicht nur eine äußere Zierde ihres Ortes, sondern bergen auch in ihrem Inneren Sehens- und Entdeckenswertes. Daher ist der Wunsch begreiflich, die Kirchen auch von innen zu besichtigen, und sei es nur, um den Hauch der Jahrhunderte zu spüren.

Fast immer wird man jedoch vor verschlossenen Türen stehen, daher sollte man sich schon vorher erkundigen, wer der „Ansprechpartner vor Ort“ ist. Hier können die Presse- und Informationsstellen der Evangelischen Kirche in Berlin-Brandenburg, der die Dorfkirchen in der östlichen Mark fast ausschließlich gehören, oder des Erzbistums Berlin weiterhelfen (Adressen und Telefonnummern im Anhang). Natürlich empfiehlt es sich dann auch, einen Termin für eine Besichtigung, wenn dies möglich ist, vor Antritt der Fahrt auszumachen.

Das Oderbruch und entlang der Oder

Start und Ziel: Bahnhof Seelow-Gusow
Streckenlänge: 89 km
Abkürzungen: Mehrere Möglichkeiten zum und vom Oderdamm, u. a. von/nach Güstebieser Loose, Groß Neuendorf, Kienitz
Wegbeschaffenheit: Überwiegend asphaltierte oder betonierte Straßen/Wege, kaum Kopfsteinpflaster. Drei kurze Fahrwegstrecken, die sich aber durch geringfügige Streckenänderungen umgehen lassen.
Sehenswertes (Auswahl): Schloß Gusow, Heimatstube und Kirche Letschin, Bockwindmühle Wilhelmsaue, Heimatstube Neulewin
Einkehrmöglichkeiten (Auswahl): Letschin, Neulewin, Zollhaus, Kienitz, Zechin, Gusow
Übernachtung (Auswahl): Groß Neuendorf
Baden: Badestelle an der Alten Oder zwischen Ketzin und Genschmar, Freibad Zechin

Diese Tour unterscheidet sich von den anderen doch erheblich – die Strecke ist absolut flach, die einzigen „Berge", die zu überwinden sind, sind die Auffahrten auf die Deiche. Dennoch ist diese Tour abwechslungsreich, denn die reizvolle Auelandschaft, die vielen Oderaltarme, Fließe und Wassergräben, die rund 30 Kilometer lange Fahrt entlang der Oder, die zahlreichen Fachwerkhäuser, die interessanten Dörfer und Siedlungen, die sich erheblich von denen auf den Barnimer und Lebuser Hochflächen unterscheiden. Dazu kommen die zahlreichen, zur Oder hin immer ruhiger werdenden Straßen und Sträßchen, die zumeist asphaltiert sind, die das Radeln im größten Niederungsgebiet in Brandenburg sehr angenehm machen.

Daher erschien es angebracht, eine ausgedehnte Tour in diesem besonderen Gebiet Ostbrandenburgs in den Radwanderführer aufzunehmen. Leider ist aber das Oderbruch von einem Bahnhof innerhalb des Tarifgebietes Berlin und Umland nur mit einem relativ langen Anfahrtsweg zu erreichen. Daher wurde als Ausgangs- und Zielpunkt der Regionalbahnhof **Seelow-Gusow** gewählt. Nach und von hier fahren die Züge ab Berlin-Lichtenberg jede Stunde.

Vom Bahnhofsvorplatz fahren wir auf der Straße nach links und an der nächsten Straßengabelung nach rechts (Straße *„Siedlung")*. Weiter geht es zunächst geradeaus, bis die Hauptstraße nach rechts abbiegt, der wir folgen (*„Paul-Bethge-Straße"*, geradeaus führt eine Plattenstraße zum *„Freibad Baggersee")*. Die nächste Querstraße radeln wir nach links, es ist die *„Schloßstraße"*, die uns zum Schloß Gusow führt.

Was wir sehen, ist doch einigermaßen überraschend: Eine gut erhaltene ausgedehnte, dreiflügelige, ockerfarbene Anlage im Stile eines englischen Landsitzes. Das Schloß war am Kriegsende wie fast alle Orte in dieser Region stark beschädigt. 1960 begann man mit der Renovierung. In dem jetzigen Zustand präsentiert sich **Schloß Gusow** jedoch erst seit kurzer Zeit, denn seit 1992 wird es umfassend restauriert. Im Kern ist es ein Bau aus dem 17. Jahrhundert, in der zweiten Hälfte des 19. Jahrhunderts erfolgte dann der neogotische Umbau. Hübsch, aber verspielt wirken vor allem die Staffelgiebel und die schlanken Rundtürme an den Seiten.
Heute befinden sich hier ein Museum zur brandenburgisch-preußischen Geschichte, ein Restaurant und eine Pension.
(*Öffnungszeiten* des Museums: Dienstag-Sonntag 10–18 Uhr, Oktober-März wochentags nur bis 17 Uhr. Gezeigt werden unter anderem ca. 130 Zinnfiguren-Dioramen.)
Sehenswert ist auch der sich an das Schloß anschließende Landschaftspark, der ursprünglich ein Barockgarten war.

Wir radeln die *„Schloßstraße"* zurück und an der Kreuzung scharf nach links in die *„Breitscheidstraße"*. Auf dieser erreichen wir kurz darauf die B 167 (davor ist die Ruine der Kirche zu sehen). Auf der Bundesstraße fahren wir nach links aus dem Ort und folgen dann dem Abzweig **„Letschin"** nach rechts. Spätestens mit der Überquerung der Alten Oder haben wir dann das **Oderbruch** richtig erreicht.

Es ist eine breite, fast ebene Flußniederung, die sich 60 Kilometer zwischen Lebus im Süden und Oderberg im Norden erstreckt sowie im Osten von der Oder und im Westen von den Hochflächen des Barnims und des Lebuser Landes begrenzt wird. Die breiteste Stelle mißt fast 22 Kilometer. Das Oderbruch gehört zum Thorn-Eberswalder Urstromtal der Weichselkaltzeit, das Grundrelief entstand aber schon in der Saalekaltzeit.

Stare Lysogorki (Alt Lietzengöricke)
Zoll-brücke
Zäckericker Loose
Ferdinandshof
Gozdowice (Güstebiese)
Neulietze-göricke
Wustrow
Neukarls-hof
Heinrichsdorf-Beauregard
Gieshof
Neulewin
Eichwerder
Thörings-werder
Neubarnim
Ortwig
Alttrebbin
Altbarnim
Bockwind-mühle
Klein Neuendorf
Neutrebbin
Wuschewier
Metzdorf
Sietzing
Letschin
Horst
Gottesgabe
Neufeld
Kiehnwerder
Kietzer See
Altfriedland
Quappendorf
Bärwinkel
Neuhardenberg
167
Platkow
Gusow
Schloß Gusow
Wulkow bei Trebnitz
Hermersdorf
Werbig
RB 206.26
Gusow
Seelow
0 1 2 3 km

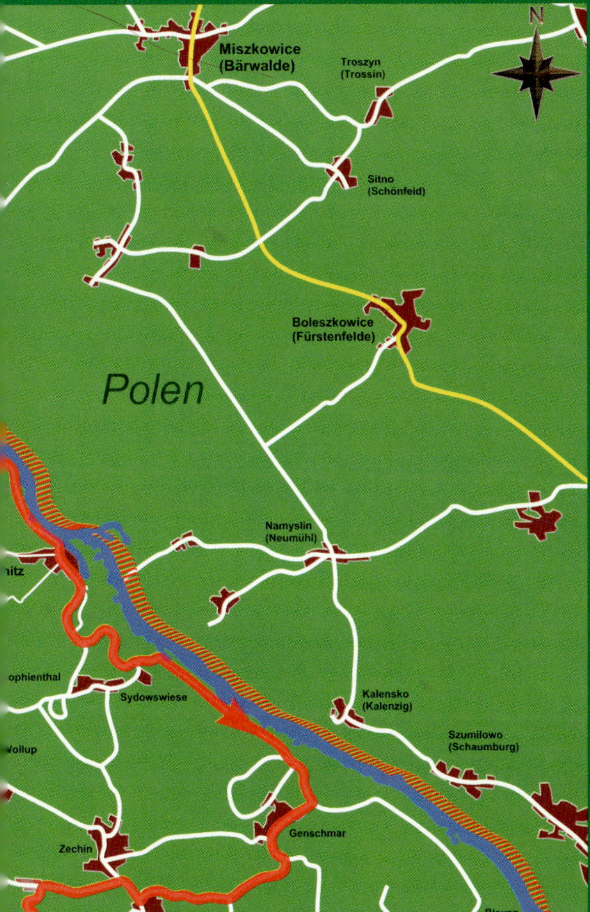

Miszkowice
(Bärwalde)
Troszyn
(Trossin)
Sitno
(Schönfeld)
Boleszkowice
(Fürstenfelde)
Polen
Namyslin
(Neumühl)
itz
ophienthal
Sydowswiese
Kalensko
(Kalenzig)
Szumilowo
(Schaumburg)
Vollup
Genschmar
Zechin
Friedrichsaue
Bleyen
Altbleyen
Küstrin
Kietz
Golzow
Gorgast
Manschnow
1
Alt
Tucheband

Vor der Trockenlegung ähnelte die Landschaft dem Spreewald: Durch die dichten Auenmischwälder floß die Oder in vielen kleinen und nur wenig größeren Flußarmen. Jedes Jahr wurde das Oderbruch zweimal überschwemmt. Daher sein Name: Bruch bedeutet Sumpf.
Auf den wenigen Sandinseln lagen kleine Siedlungen. Weitere Orte befanden sich am Rand zu den Hochflächen, darunter Städte wie Freienwalde und Wriezen. Die Bewohner lebten überwiegend vom Fischfang.
Um sich vor den Hochwassern zu schützen, baute man schon im Mittelalter Deiche. Trotzdem kam es immer wieder zu Überschwemmungen. An eine intensive landwirtschaftliche Nutzung des fruchtbaren Bodens war somit nicht zu denken.
Daher ließ Friedrich Wilhelm I. die Oder von Lebus bis Zellin (das heutige Czelin in Polen) vollständig eindeichen. Dies verschlimmerte jedoch die Situation im unteren Teil des Bruchs. Erst unter der Regentschaft seines Sohns, Friedrich II., sollte sich dies ändern. Auf dessen Anordnung wurden nach den Plänen des holländischen Wasserbaumeisters Simon Leonhard von Haerlem 1847 mit den Arbeiten begonnen.
Zunächst wurde zwischen Güstebiese (heute Gozdowice) und Hohensaaten ein neuer, 20,3 Kilometer langer Kanal gegraben, um dadurch die Oder zu begradigen und den schnelleren Abfluß des Wassers zu erreichen. Der Aushub wurde für den gleichzeitigen Bau von Dämmen benutzt.
Nachdem das neue Flußbett 1853 eröffnet wurde, begann nach weiteren Meliorationsarbeiten auf dem so gewonnenen Neuland der Bau von Dörfern, insgesamt 43, die zumeist an der Vorsilbe „Neu“ zu erkennen sind. Da Preußen zu den mitteleuropäischen Ländern mit der geringsten Bewohnerdichte zählte, konnte die Besiedlung und damit auch die Bewirtschaftung des Bodens nur gelingen, wenn Kolonisten aus den umliegenden Ländern gewonnen wurden. Da Friedrich II. Religionsfreiheit, Freiheit von der Leibeigenschaft und andere günstige Bedingungen versprach, kamen hierher viele Familien aus anderen deutschen Ländern sowie aus Polen, Österreich, der Schweiz, Frankreich, Böhmen und Schweden. Durch ihre fleißige und entbehrungsreiche Arbeit wandelte sich das Oderbruch im 19. Jahrhundert zu einer der fruchtbarsten Agrarlandschaften Deutschlands.

Mit der Trockenlegung des Oderbruchs ging aber natürlich der Fischfang, als die vorher wichtigste Einnahmequellen der Oderbruchbewohner, enorm zurück.
Mit der Einführung neuer Ackerbaumethoden und dem Anschluß an das Eisenbahnnetz stellte sich im 19. Jahrhundert ein Aufschwung der Landwirtschaft ein. Mit dem verstärkten Anbau von Gemüse und der Mast von Gänsen entwickelte sich das Oderbruch mit Beginn des 20. Jahrhunderts zu einem wichtigen Lieferanten von Berlin.
Trotz der Eindeichung kam es immer wieder zu katastrophalen Überschwemmungen. Die letzte war im Jahr 1947 und traf die Bewohner besonders hart. Denn zwei Jahre zuvor verwüsteten schwere Kämpfe zwischen der sowjetischen und deutschen Armee das Oderbruch.
Trotz der großen Wandlungen der letzten Jahrhunderte bietet die Landschaft mit ihren zahlreichen Oderaltarmen und Stillgewässern idealen Lebensraum für eine artenreiche Tierwelt. Durchaus reizvoll für den Reisenden sind die endlose Weite, die blühenden Felder und Wiesen sowie die alten und neuen Dörfer mit ihren vielen Fachwerkhäusern.

Die Strecke bis **Letschin** ist nun bei weitem nicht mehr so belebt wie die B 167 und zuerst asphaltiert, später mit Kleinpflaster versehen. Ein Stück vor Letschin passieren wir den Bahnübergang der

Oderbruchlandschaft

Strecke Wriezen – Frankfurt (Oder). In Letschin folgen wir zunächst der asphaltierten Hauptstraße, wobei wir am Abzweig Manschnow das Denkmal Friedrich des Großen und danach den Turm der Schinkelschen Kirche sehen.

Letschin ist eines der älteren und größten Dörfer im Oderbruch, es wurde schon 1336 urkundlich erwähnt und bekam 1863 das Marktrecht. Drei bekannte Persönlichkeiten sind mit dem Ort verbunden.
Zum einen besaß hier Louis Henri Fontane, der Vater des Dichters, von 1838 bis 1850 die örtliche Apotheke.
Dem Entwurf Schinkels ist der sehenswerte Kirchturm zu verdanken, der als einziges von der im Zweiten Weltkrieg stark zerstörten Kirche übrig blieb. Sie wurde 1812 erbaut, der Turm entstand im Stil der märkischen Backsteingotik 1819. Während dieser 1974 restauriert wurde, mußte (?) die Ruine des Kirchenschiffes abgetragen werden.
Der dritte im Bunde ist Friedrich II. In Anbetracht seines Verdienstes um die Trockenlegung und anschließende Kolonisation des Oderbruches errichtete man ihm zu Ehren 1905 ein Denkmal, das nach dem Zweiten Weltkrieg eine ähnlich wechselvolle Geschichte durchlief wie das in Neutrebbin (siehe Tour 14, S. 143). Die 2,95 Meter große Bronzeskulptur wurde vom Sockel geholt und zum Einschmelzen gebracht. Letztendlich blieb sie aber erhalten und steht seit Juni 1990 wieder auf ihrem alten Platz.
Übrigens überlieferte Fontane, und hier schließt sich der Kreis, in seinen „Wanderungen“ den berühmten und oft verwendeten Ausspruch Friedrich II. bei einem Besuch des Oderbruchs nach der Trockenlegung: „Hier habe ich im Frieden eine Provinz erobert“. Daß dieser Satz wirklich authentisch ist, wird nur selten angezweifelt. Es gibt aber zumindest ein zweite Variante, die der Historiker Franz Kugler schon 1840 in seiner „Geschichte Friedrichs des Großen“ zitiert: „Hier ist ein Fürstentum erworben, worauf ich keine Soldaten zu halten nötig habe.“
Empfehlenswert ist ein Besuch der Letschiner Heimatstube „Haus Birkenweg“, dem einstigen Armenhaus des Dorfes. Hier kann man sich über die Geschichte des Ortes und des Oderbruchs, über das Leben seiner Bewohner, über die sogenannten Loose (dazu später mehr) und über die im Ort wirkenden Per-

sönlichkeiten informieren. Im Fontane-Zimmer erfährt man einiges aus dem Leben und Wirken des märkischen Dichters. Außerdem gibt es hier eine Galerie mit wechselnden Ausstellungen. (*Öffnungszeiten:* Dienstag/Freitag 8–12 und 14–18 Uhr, Donnerstag 8–12 Uhr, Wochenende 14–17 Uhr)

Wir fahren weiter auf der Hauptstraße durch das Dorf und, wo diese nach links abzweigt, geradeaus Richtung **„Groß Neuendorf"** auf einem kurzem Stück Kopfsteinpflaster. Hinter dem Ortsausgang folgen wir der Ausschilderung **„Bockwindmühle"** nach links. Diese schmale Straße bringt uns bis zum kleinen Ort **Wilhelmsaue** mit einigen schönen Fachwerkhäusern (in einem befindet sich ein Schullandheim) und der Bockwindmühle.

Die einzig noch verbliebene alte Windmühle des Oderbruchs wurde 1884 erbaut und gehört zum Freilichtmuseum Altranft. (*Öffnungszeiten*: Freitag 10–16 Uhr, Wochenende 11–17 Uhr)

Die Straße endet bald an einer T-Kreuzung, dort radeln wir nach rechts. Hier merken wir schon: je tiefer wir in das Oderbruch hineinfahren, je näher wir der Oder kommen, desto weniger motorisierter Verkehr begegnet uns.

Auch diese Straße endet nach einiger Zeit an einer T-Kreuzung. Hier radeln wir nach links **(„Neubarnim")**. Rechts sehen wir Ortwig, eines der älteren Dörfer im Oderbruch.

In **Neubarnim**, einem typischen Straßendorf aus der Zeit nach der Trockenlegung des Bruchs (1755), fahren wir nach rechts und entlang einer zwei Kilometer langen und unter Denkmalsschutz stehenden Lindenallee. Hier stehen viele schöne Fachwerkhäuser, darunter auch zweigeschossige, was für die Mark Brandenburg eher selten ist.

Die Hauptstraße biegt vor dem Ortsrand nach rechts ab, wir fahren aber geradeaus (auf ein kurzes Kopfsteinpflasterstück). Am Ortsausgangsschild lesen wir den Namen des nächsten Dorfes: **Neulewin**. Bis dahin begleitet uns rechts der Damm der stillgelegten Oderbruchbahn (siehe Tour 17, S. 168ff.).

Am Ortseingang von **Neulewin** sehen wir links die *Heimatstube*, in der neben Exponaten zur Geschichte des Kolonistendorfes zahlreiche historische Ackergeräte gezeigt werden (*Öffnungszeiten*: Dienstag-Freitag 11–15 Uhr, von Mai-Oktober auch Samstag/Sonntag).

Wir radeln weiter bis zur Kreuzung am Dorfanger und folgen der Ausschilderung **„Güstebieser Loose“** nach rechts. Durch das Dorf führt zwar eine Kopfsteinpflasterstraße, wir können aber einen kombinierten Rad-/Fußweg benutzen. An der nächsten Kreuzung fahren wir nach links in Richtung **„Wriezen“**.

Danach erreichen wir die Neulewiner Ortsteile **Kerstenbruch** und, nachdem wir dort rechts abgebogen sind, **Karlshof**. Vor diesem kleinen Ort überqueren wir die **Alte Oder** und die sie begleitenden Dämme. Weiter geht es dann nach **Neulietzegöricke**.

Der Ort entstand 1753/54 als erstes Kolonistendorf nach der Trockenlegung des Oderbruchs. Die verputzte Fachwerkkirche wurde 1840/42 erbaut. Außerdem gibt es auch hier einige schöne Fachwerkhäuser.

Wir bleiben auf der Hauptstraße und erreichen hinter dem Ortsausgang eine Kreuzung, bei der wir nach rechts in Richtung **Zollbrücke** abbiegen. Zu dem kleinen Ort gelangen wir nach kurzer Zeit. Damit sind wir an der Oder angekommen und unsere Tour führt nun flußaufwärts, also nach rechts.

Die **Oder** gehört mit einer Länge von 912 Kilometern und einem Einzugsgebiet von fast 120 000 Quadratkilometern zu den mächtigsten Flüssen Mitteleuropas. Sie entspringt 20 Kilometer östlich der tschechischen Stadt Olomouc und gelangt hinter Ostrava auf polnisches Gebiet, wo sie unter anderem durch Wroclaw (Breslau) fließt. Von der Neißemündung bei Ratzdorf (nördlich von Guben) bis Garz (nördlich von Schwedt) ist sie seit 1945 Grenze zwischen Deutschland und Polen, bevor sie dann in das Stettiner Haff (Oderhaff) mündet.

Rund 30 Kilometer werden wir nun an oder auf diesem Damm zurücklegen, zumeist auf Asphalt, abschnittsweise auch auf Beton oder Betonplatten. Reizvoll ist die Strecke an der Oder vor allem durch die Ruhe und den schönen Blick in die Auelandschaft des Oderbruchs mit der überwiegend dünnen Besiedlung.

Anmutig ist auch der bewaldete Höhenzug auf der polnischen Seite auf den ersten Kilometern. Die Hügel in der früheren Neumark erheben sich bis zu 50 Meter über der Oder.

Den Strom sehen wir auf unserer Fahrt nicht allzuoft, denn entweder verläuft der Weg unterhalb der Dammkrone, oder es liegen noch größere Wiesenabschnitte zwischen Weg und Fluß. Hier gibt es dann auch asphaltierte Straßen, die quer zum Damm verlaufen und bis fast an die Oder heranreichen, vielleicht ein Tip für eine Rast.

Zuvor haben wir hier die Möglichkeit, uns in der Gaststätte (links am Damm) für die Weiterfahrt zu stärken. Es ist der ideale Anlaufpunkt für Rad- und Wasserwanderer. Der Name „Zollbrücke" verweist darauf, daß in der ersten Hälfte des vorigen Jahrhunderts eine Brücke das Oderbruch mit der Neumark verband.

Auf dem Damm fahren wir an den Orten Güstebieser Loose und Gieshof-Zelliner Loose vorbei.

Die **Loose** entstanden in der ersten Hälfte des 19. Jahrhunderts im Zuge der Flurbereinigung (Separation). Äcker und Wiesen wurden zusammengelegt, neu vermessen und an die künftigen Eigentümer **verlost**. Dadurch hatten die Bauern oft lange Wege zwischen ihrem Hof und Land, so daß sie sich häufig auf ihrem „Loos" ansiedelten. Aus den verstreuten Gehöften entwickelten sich schließlich sehr lockere Siedlungen.

Wir kommen dann nach **Groß Neuendorf** mit einem ehemaligen Umschlagsplatz für landwirtschaftliche Erzeugnisse. (Im Ort selbst gibt es einen alten jüdischen Friedhof.)

Weiter auf dem Damm erreichen wir **Kienitz**. Hier können wir entweder am Hafen entlang fahren; das ist das einzige unbefestigte Wegstück am Damm. Oder wir radeln durch den Ort, was den Vorteil einer asphaltierten Straße und eines Geschichtserlebnisses mit sich bringt.

Wenn wir uns für die zweite Variante entscheiden, dann müssen wir an der Stelle vom Damm nach rechts abbiegen, wo ein Schild zu einer Gaststätte am Hafen weist und rechts ein zu einem Haus umgebautes Schiff steht. Es folgt eine kurzes Kopfsteinpflasterstück, und an der Kreuzung biegen wir nach links auf die asphaltierte *„Straße der Befreiung"* ab.

Hier sehen wir gleich darauf ein sowjetisches Ehrenmal für im Zweiten Weltkrieg gefallene Soldaten. Eine Besonderheit ist der ausgestellte Panzer T 34 – die meisten, die an solchen Ehrenmalen einstmals standen, wurden ab 1990 demontiert.

Bei Kienitz erreichte am 31. Januar die Rote Armee erstmals das westliche Ufer der Oder.
Dieser Brückenkopf war heiß umkämpft, mehrmals verschob sich hier die Front, so daß Kienitz (wie viele andere Orte zwischen Berlin und der Oder) stark zerstört wurde.
Der Erhalt der ebenfalls zerstörten Kirche aus dem Jahre 1831 ist vor allem dem Einsatz der Pfarrfrau Erna Roder zu verdanken, die den Wiederaufbau durch den Verkauf von selbst gestalteten Kunstwerken finanziell unterstützt hat.

Wenn wir die Straße weiter geradeaus fahren, kommen wir wieder am Damm an. Hier steht eine Metallstele, die an die Ereignisse vor mehr als fünfzig Jahren erinnert.

Von hier radeln wir jetzt weiter auf dem asphaltierten Dammweg, der hinter dem Ort **Sophiental** in einer weiten Links-rechts-Kurve von einem Damm auf einen zur Oder näheren anderen wechselt. Kurz danach fahren wir bei der Badestelle an einer der zahlreichen toten Arme der Oder vorbei. Danach folgt ein vier Kilometer langer, völlig gerader Dammabschnitt. Bei dem kleinen Ortsteil **Nieschen** überqueren wir wieder eine der Straßen, die direkt zur Oder führen. Kurz darauf kommt von rechts eine öffentliche Straße auf den Damm, die bis Küstrin-Kietz führt. Ansonsten ist ja der Dammweg für den motorisierten Verkehr gesperrt (außer Anlieger). Wir biegen nun aber schon am Abzweig **„Genschmar“** rechts ab und verabschieden uns damit, für diesmal, von der Oder.

Für den nächsten Abschnitt ab Genschmar sind nun zwei Varianten möglich:

Die schönere, aber etwas beschwerliche Strecke führt uns entlang des Genschmarer Sees. Hierbei fahren wir zunächst durch das Dorf und folgen dahinter der Hauptstraße nach rechts **(„Golzow“)**. Im kleine Ort Wilhelminenhof fahren wir dort, wo die Straße nach links wegführt, weiter entlang des Sees auf einen Fahrweg. Ein unscheinbares Schild „TF“ erinnert uns daran, daß wir uns jetzt auf der Theodor-Fontane-Radroute befinden. Auf dem Fahrweg, hier fuhr früher die Oderbruchbahn(!), kommen wir nach zwei Kilometern in die Siedlung **Friedrichsaue**. Auf der nun asphaltierten Straße radeln wir bis zu einer Kreuzung und dort nach rechts bis **Zechin**. Vor dem Freibad biegen wir links ab nach **„Buschdorf/Seelow“**.

Die andere, durchgehend asphaltierte Strecke nach Zechin zweigt direkt in Genschmar rechts ab. In Zechin biegen wir an der T-Kreuzung links ab nach **„Manschnow/Golzow“** und hinter dem Freibad rechts nach **„Buschdorf/Seelow“**.

In **Buschdorf** folgen wir der Hauptstraße (einmal nach links, einmal nach rechts), ebenso in **Altlangsow** und **Neulangsow**, wo wir die Bahnlinie Frankfurt/Eberswalde unterqueren.

Vor uns sind nun schon eine ganze Weile die **Seelower Höhen** zu sehen. In **Altlangsow** ist vor allem ein langgestreckter Fachwerkbau aus dem Jahre 1832 interessant, weil er Schule und Betsaal unter einem Dach vereint und nach Plänen Schinkels für eine „Normal-Kirche“ errichtet wurde. Diese war für Gemeinden konzipiert, die nur über wenige finanzielle Mittel verfügten.

Vor **Werbig** radeln wir unter der Brücke der Bahnlinie Küstrin – Berlin hindurch. Ab hier stehen erneut zwei Möglichkeiten der Weiterfahrt zur Auswahl.

Die ruhige Variante beginnt im Ort hinter einem Buswartehäuschen und einem Kita-Spielplatz (links). Hier zweigt rechts der *„Gusower Weg“* ab. Auf diesem unterqueren wir erneut die Bahnstrecke und fahren dann in einem Bogen nach links an der Siedlung **Werbiger Loose** und der knorrigen, über 300 Jahre alten Derfflinger-Eiche (Naturdenkmal) vorbei bis zur Bundesstraße. Über diese radeln wir hinweg und dann weiter durch eine Siedlung, bis die Straße auf ein T-Kreuzung stößt. Von hier geht es dann in einer Linkskurve zum Bahnhof.

Die andere Variante ist anstrengend und bei weitem nicht so ruhig. Der Vorteil ist allerdings, daß wir auf Asphalt fahren und noch einen Blick über das Oderbruch genießen können. Hierbei fahren wir die Hauptstraße in Werbig weiter und erklimmen dann die Seelower Höhen. (Ein später links abzweigender Fahrweg könnte uns auf den Krugberg bringen, auf dem moderne Skulpturen aufgestellt sind und von dem man eine herrliche Sicht auf das Oderbruch hat.) Weiter geht es dann bis zur B 167 am Ortsrand von Seelow, auf der wir nach rechts radeln und nach drei Kilometern, zuletzt bergab, den Bahnübergang erreichen. Dahinter ist es nur noch ein kurzes Stück nach links bis zum Bahnhof.

Romantische Talfahrt durch den Gamengrund

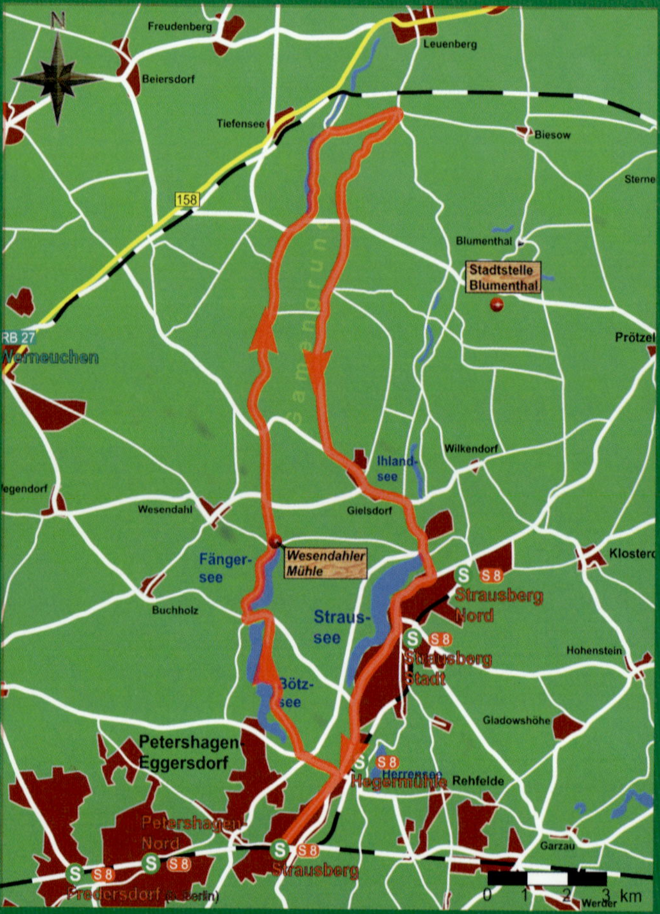

Start und Ziel: Bahnhof Strausberg (Vorstadt)
Streckenlänge: 47 km
Abkürzungen: Vom Zeltplatz am Gamensee zum Bahnhof Tiefensee. In Strausberg zum Bahnhof Strausberg-Nord
Wegbeschaffenheit: Auf der ersten Hälfte überwiegen Wege, auf dem Rückweg Straßen und befestigte Radwege

Sehenswertes (Auswahl): Wesendahler Mühle, Kirche Gielsdorf, Marienkirche in Strausberg
Einkehrmöglichkeiten (Auswahl): Wesendahler Mühle, Zeltplatz am Gamensee, Forsthaus Leuenberg (auch Übernachtung), Gielsdorf
Baden: Bötzsee, Gamensee, Ihlandsee (zwischen Gielsdorf und Strausberg), Straussee

Der Gamengrund, eine eiszeitliche Schmelzwasserrinne, erstreckt sich zwischen Gersdorf (südwestlich von Falkenberg/Mark) bis Strausberg. Reizvoll sind vor allem die zahlreichen Seen, einige davon mit guter Wasserqualität, die Vegetation mit ihrem schönen Mischwaldbestand und das häufig schluchtenähnliche Relief.

Der Bötz- und der Fängersee gehören im engeren Sinne noch nicht zum Gamengrund, auch wenn sie entstehungsgeschichtlich Teil derselben Rinne sind. Erst nördlich der Wesendahler Mühle, wo sich das Tal weiter verengt, spricht man vom Gamengrund.

Auf unserer Fahrt werden wir einige der schönsten Wanderwege im Barnim kennenlernen. Allerdings ist dies keine Tour für den „Kopf-nach-unten-Raser", denn Ruhe, Geduld und Umsicht gehören dazu, die nicht immer eindeutig auf der Hand liegende Strecke zu finden. Wer hier nicht aufpaßt, kann sich leicht in den „endlosen Weiten" des Strausberger und Blumenthaler Wald- und Seengebietes verirren. Auch wenn der letzte Wolf 1823 erschossen wurde, man weiß ja nie …

★

Vom Bahnhof aus überqueren wir die Straße, fahren zum Kleinbahnhof (Straßenbahnendstelle) und von dort entlang der Schienen nach rechts. Dabei radeln wir auf einem Verbundpflaster-Radweg, der an der *„Garzauer Straße"* endet.

Wir überqueren die Straßenbahnschienen und fahren weiter auf dem Radweg bis zur Ampelkreuzung. Dort radeln wir zunächst geradeaus und folgen dann der Hauptstraße nach links **(„Eggersdorf")**. Ein Stück nach dem Ortseingang biegen wir nach rechts ab in den *„Hauptweg"* (Verkehrsschild „Rad-/Fußweg", Wanderwegausschilderung **„Postbruch/Spitzmühle")**. Hinter der Gaststätte benutzen wir den mit einem blauen Strich markierten Weg *„Am Walde"* links.

Jetzt wird der Weg zeitweise sehr schmal, und wir sollten unbedingt Rücksicht auf Fußgänger nehmen. Links sehen wir nun schon den **Bötzsee**. Hinter einer Badestelle fährt es sich dann wieder besser, und wir erreichen bald ein Asphaltsträßchen, auf der wir zunächst an der Neuen Spitzmühle und dann an der Alten Spitzmühle vorbeifahren (Gaststätte und Pension). Dahinter biegen wir rechts auf den *„Heidewanderweg"* (blauer Strich) zur **Wesendahler Mühle** ab. Diese erreichen wir nach einer schönen Fahrt am Ufer des Fängersees und nach Abbiegen auf einen breiteren Fahrweg rechts.

Das Reizvolle an der Mühle ist nicht so sehr das Haus und das eiserne Mühlrad, sondern die romantische und sehr ruhige Lage im Gamengrund.

Den zuletzt benutzten Fahrweg radeln wir jetzt in umgekehrter Richtung bis rechts (an einem Hang) der *„Heidewanderweg"* nach Leuenberg abzweigt. Dem folgen wir bis zur Straße Wesendahl – **Gielsdorf**. Wir radeln hier nach links und biegen nach knapp hundert Metern rechts auf den mit einem blauen Strich markierten Weg ab.

Der folgende Streckenabschnitt ist etwas komplizierter, weil eine Markierung kaum mehr zu finden ist.

An einer Weggabelung fahren wir nach rechts einen kleinen Abhang hinunter. Dieser recht schmale Weg stößt auf einen breiteren, dem wir fast geradeaus folgen. Wir bleiben nun im Grund und passieren dabei eine Holzschranke.

Etwas später gelangen wir auf eine Straße, der wir ein kurzes Stück nach links folgen und dann nach rechts abbiegen auf den Weg mit der Blauen-Strich-Markierung **(„Leuenberg")**.

Der folgende Abschnitt ist zunächst uralt-asphaltiert (sehr schmal, zum Teil überwachsen) und später unbefestigt, jedoch bis auf Ausnahmen gut befahrbar.

Wir kommen (unter anderem) am Abzweig nach **„Eichenbrand"** (in einer Senke) vorbei; danach müssen wir sehr aufpassen, um die richtige Streckenfortsetzung zu finden. Dort, wo der Hauptweg halblinks aus dem Grund herausführt, zweigt ein schmaler Weg rechts ab, der wieder mit einem blauen Strich gekennzeichnet ist.

Allerdings kann man sich auf Wanderwegmarkierungen nicht immer verlassen – Änderungen, Altersschwäche der Schilder oder andere Einflüsse erleichtern das Finden des rechten Weges nicht unbedingt.

Auf dem Weg fahren wir eine Art Damm hinauf (oben steht eine herrliche alte und knorrige Eiche) und weiter geradeaus und bergab wieder in den Grund.

Jetzt wird der Weg wieder breiter, das Tal dagegen schmaler und noch tiefer V-förmig eingeschnitten.

Dort, wo der markierte Weg aus dem Grund links nach oben führt (in diese Richtung führt unsere Tour weiter), steht geradeaus ein kleine Schutzhütte. Hier erinnert ein Gedenkstein daran, daß sich am 24. August 1941 hier über 50 Berliner Antifaschisten trafen, von denen 1942 viele durch Verrat in die Hände der Gestapo fielen. Einige von ihnen wurden im September 1944 hingerichtet.

Bergauf fahren wir nun auf den Straßendamm, der den Gamengrund teilt. Wir überqueren die Straße und fahren den Blauen-Strich-Weg abwärts zum **Gamensee**. Hier muß man schon „Mountainbiker" sein, um die eingebauten Stufen ordentlich zu überwinden. Aber man kann ja auch das kurze Stück laufen.

Am See angekommen, davor steht noch eine Eiche (Naturdenkmal), fahren wir am rechten Ufer des malerischen langgestreckten Gamensees entlang.

Hier ist es zu jeder Jahreszeit sehr schön, aber vielleicht besonders zur Zeit der Laubfärbung und im Winter, wenn der See zugefroren und aufgrund des etwas kühleren Mikroklimas eine sichere und ideale Eislauffläche ist.

Am Ende des Sees, dort befindet sich ein Zeltplatz mit einer Badestelle, verlassen wir den Gamengrund auf einem Fahrweg nach rechts.

(Die Weiterfahrt im Grund nach Leuenberg wird durch den Bahndamm nach dem sich anschließenden Mittelsee erheblich erschwert. Der Weg über den Damm ist kaum zu finden und sehr beschwerlich.)

Nach einer Drehschranke fahren wir den Hohlweg weiter bis zu zweiten Weggabelung und folgen dort der Ausschilderung **„Forsthaus/Gaststätte"** nach links. Hier radeln wir bis zu einem breiteren Fahrweg und dort nach rechts bis zum **Forsthaus Leuenberg** (Restaurant, Pension, in der wärmeren Jahreszeit zusätzlich Imbißstand).

Zurück nach Strausberg benutzen wir den zuletzt befahrenen Weg in entgegengesetzter Richtung, wobei wir aber nicht zum Gamensee abbiegen.

Auf dem gut befahrbaren Weg erreichen wir nach einiger Zeit

die Straße Straße Prötzel – Tiefensee. (Ein ganzes Stück davor könnten wir noch einen Abstecher zum Lissak-Denkmal machen, einem 1864 von Wilderern erschossenen Förster.)

Geradeaus weist uns ein Schild die Richtung Strausberg. Auf dieser asphaltierten, zumeist recht ruhigen Straße radeln wir zunächst ein Stück bergauf und dann überwiegend bergab nach **Gielsdorf**.

Hier steht rechts die sehenswerte **Dorfkirche**. Es ist ein spätromanischer Feldsteinbau aus der Mitte des 13. Jahrhunderts. Zu der kostbaren Innenausstattung der Kirche gehören ein prächtiger Schnitzaltar vom Anfang des 16. Jahrhunderts und ein figürlicher Grabstein für Friedrich von Pfuel, dem 1527 gestorbenen einstigen Besitzer von Gielsdorf. Der Stein war bei 1880 bei Ausgrabungen im Berliner Dominikanerkloster gefunden worden. Im Dorf soll ein Projekt „Gielsdorf 2000" verwirklicht werden, daß auch die Rekonstruktion der Dorfanlage umfassen soll. Bisher ist aber lediglich eine größere Siedlung mit Ein- und Mehrfamilienhäusern am östlichen Rand des Ortes im Entstehen … Im Dorf laden uns zwei Gaststätten zu einer Rast ein.

Von hier geht es dann weiter bis nach **Strausberg**, wo wir an der Kreuzung vor dem **Straussee** nach links abbiegen.

Blick über den Gamensee

Nun gibt es die Möglichkeit, die Tour schon am Bahnhof Strausberg Nord zu beenden. Dazu fahren wir bis zur Ampelkreuzung und biegen nach links ab und erreichen auf der *„Prötzeler Chaussee"* bald den Bahnhof.

Oder wir fahren den hinter dem See rechts abzweigenden Weg *„Badstraße"* weiter und kommen dann bei einer T-Kreuzung auf eine Straße, die nach rechts durch das Stadtzentrum führt (*„Große Straße"*). Hier ist auch die Marienkirche sehr sehenswert.

Von hier können wir entweder direkt zum Bahnhof Strausberg Stadt oder zu unserem Ausgangspunkt fahren. Wenn wir letzteres wollen, dann radeln wir nach der *„Großen Straße"* auf der *„August-Bebel-Straße"* entlang der Straßenbahn weiter geradeaus. Auf dem Radweg können wir nun recht gut die Stadt längs durchqueren. An der *„Garzauer Straße"*, das ist eine Ampelkreuzung mit Richtungsschild **„Rehfelde"** links, radeln wir nach rechts und dann auf dem Radweg entlang der Schienen bis zum Bahnhof.

(Eine weitere sehr ruhige und schöne, aber ziemlich beschwerliche Streckenvariante beginnt ebenfalls am Straussee. Von hier kann man auf dem Weg am rechten Ufer bis zur Straße entlang der Straßenbahnschienen und weiter wie beschrieben zum Bahnhof Strausberg fahren.)

Auch die Dorfkirche in Gielsdorf ist aus Feldsteinen errichtet

Klein-Ostbrandenburg: Freilichtmuseum Altranft

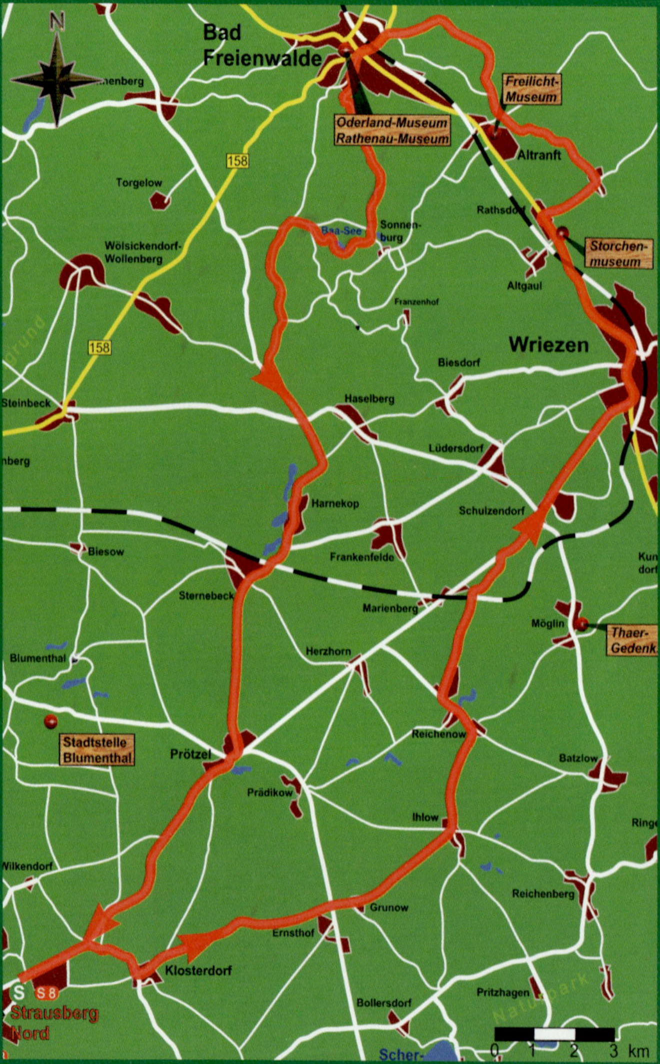

Start und Ziel: S-Bahnhof Strausberg Nord
Streckenlänge: 76 km
Abkürzungen: Mit dem Zug ab Wriezen, Bad Freienwalde oder Sternebeck. Von Altranft über Bergtal zum Baasee
Wegbeschaffenheit: Zum größten Teil asphaltierte Straßen, Kopfsteinpflaster in einigen Ortsdurchfahrten, Weg zwischen Baasee und Rädikow
Sehenswertes (Auswahl): Storchenmuseum Altgaul, Freilichtmuseum Altranft, Museen und Kirchen in Bad Freienwalde
Einkehrmöglichkeiten (Auswahl): Wriezen, Altranft, Bad Freienwalde, Baasee, Harnekop
Baden: Freibad in Bad Freienwalde, Stadtsee Wriezen, Sternebecker See

Wie jede Landschaft ihre wesenseigene Architektur hat, so ist das natürlich auch bei Ostbrandenburg der Fall. Bei dieser Tour werden wir typische Häuser der Region sozusagen auf einen Blick kennenlernen. Interessant ist beim Freilichtmuseum Altranft auch, daß die Gebäude inmitten eines „lebendigen" Dorfes stehen.

Aber auch der Naturfreund in uns kommt wieder auf seine Kosten. Der Kontrast zwischen Oberbarnim und Oderbruch, der herrlich gelegene, sagenumwobene Baasee und die sehenswerte Ausstellung zu einem markanten Vertreter der Vogelwelt im Bruch, dem Weißstorch, machen auch diese Tour erlebnis- und entdekkungsreich zugleich.

★

Vom Bahnhof fahren wir nach rechts bis zum Abzweig **Klosterdorf** rechts. An einem großen Reiter-Zentrum vorbei erreichen wir bald dieses Dorf und bleiben hier auf der Hauptstraße. Der Ort mit einer Feldsteinkirche aus der ersten Hälfte des 13. Jahrhunderts befindet sich schon im Naturpark Märkische Schweiz.

Hinter Klosterdorf geht es nun auf ein Überbleibsel der Eiszeit, einen Endmoränenzug, hinauf. Bergab rollen wir später bis zur Landstraße Prötzel – Müncheberg, überqueren diese und kommen kurze Zeit später nach **Grunow** (spätromanische Kirche, nach 1945 vereinfacht wiederhergestellt).

Dem anstehenden Kopfsteinpflaster können wir hier auf dem

Randstreifen genauso entgehen wie in **Ihlow**, das danach folgt. Dort biegen wir nach links in Richtung **Reichenow** ab. Durch dieses Dorf fahren wir auf der Hauptstraße.

Zunächst fallen uns die Kirche aus Granitquadern aus dem 13. Jahrhundert und die vielen Feldsteinbauten entlang des Angers auf. Noch vor dem Abzweig **„Schulzendorf"** sehen wir rechts, etwas abseits von der Straße, ein für diesen Landstrich recht ungewöhnliches neogotisches Schloß von 1897/1900. Es ist mit Zinnen, Türmchen und Arkaden im englischen Tudorstil verziert und wird umfassend rekonstruiert.

Hinter dem Schloß, noch vor dem Ortsausgang, folgen wir dem Abzweig **„Schulzendorf"** rechts. Diesen Ort erreichen wir nach Überquerung der Bahnstrecke Berlin – Wriezen und nachdem wir auf die belebtere Straße Prötzel – Wriezen nach rechts gefahren sind. Hier sind die Kirche (Mitte 13. Jahrhundert, hölzernes Epitaph 1571) und einige schöne alte Bäume im Park sehenswert.

Bis Wriezen geht es überwiegend bergab, dabei haben wir schon einen schönen Blick auf das Oderbruch. In **Wriezen** radeln wir nach links auf die B 167 in Richtung **„Eberswalde/Freienwalde"**, und auf dieser weiter durch die Stadt, zum Teil auf Radwegen.

Wriezen feiert 1997 ein doppeltes Jubiläum: 1247 wurde es erstmals urkundlich erwähnt, 1747 begann auf Anweisung von Friedrich II. die Trockenlegung des Oderbruchs.
Im Ort, am Kreuzungspunkt der Handelsstraßen Frankfurt–Stettin und Berlin–Neumark sowie an der (alten) Oder gelegen, entwickelte sich zunächst vor allem der Handel und die Fischerei. Wriezen erhielt 1337 das Stadtrecht, war im 15. Jahrhundert der größte und bedeutendste Markt- und Handelsort der Region und wurde damals als „Hauptstadt des Oderbruchs" angesehen.
Nach der Trockenlegung des Oderbruchs und der Verlegung der Oder ging das bis dahin dominierende Fischereigewerbe, das die Stadt berühmt gemacht hatte, stark zurück. Dafür entwickelte sich aber im 18./19. Jahrhundert die Landwirtschaft und die Industrie. Wriezen blühte wirtschaftlich auf, wofür auch

die Bahnanschlüsse nach Eberswalde, Frankfurt (Oder) und Berlin in den Jahren 1876 bis 1898 sorgten.
Dann kam aber das Jahr 1945, die Stadt erlebte ihre schlimmste Zeit. Im Februar noch völlig sinnlos zur Festung erklärt, konzentrierten sich die Kriegshandlungen auf diesen Ort, der zu 90 Prozent zerstört wurde.
Das gegenwärtige Aussehen der Stadt zeigt den mühevollen Wiederaufbau in den Jahren 1945 bis 1985. Seit 1991 hat mit der Errichtung attraktiver neuer Wohn- und Geschäftshäuser ein neuer Abschnitt im Leben der Stadt begonnen.
Auch wenn die Stadt so stark zerstört wurde, so gibt es dennoch einiges Sehenwertes aus vergangener Zeit. Die Ruine der Stadtkirche St. Martin, eine dreischiffige spätgotische Backstein-Hallenkirche mit mächtigem querrechteckigem Turm, erinnert an die Blütezeit von Wriezen. Ebenso sind der „Kietz", ein historischer Straßenzug, der dreigeschossige Speicher aus den Jahren 1791/92, die Kolonistenhäuser (1763) in der *„Friedrichstraße"* sowie Grabdenkmale aus dem 18./19. Jahrhundert auf dem Friedhof sehenswert.
Den eigentlichen Reiz der Stadt machen aber die abwechslungsreiche Landschaft an der Kante des Oberbarnims zum Oderbruch und die Lage an der Alten Oder aus.

Vom Ortsausgang ist es nun nicht mehr weit bis zum **Storchenturm** in **Altgaul**.

Dieser ehemalige flaschenförmige märkische Ziegelbrennofen, der rund 200 Jahre alt und technisches Denkmal ist, erinnert daran, daß das Oderbruch zu den bevorzugten Siedlungsgebieten des Weißstorches gehört. Im Innern des Turms wurde auf Initiative des Nestors des Naturschutzes in der DDR, Kurt Kretschmann, 1978 ein **Storchenmuseum** eingerichtet. Ein Grund hierfür war sicher der, daß nach der Stillegung des Brennofens jedes Jahr ein Storchenpaar auf seiner Spitze nistete. Dies ist nun auch nach der Rekonstruktion 1995 weiterhin so. (*Öffnungszeiten*: April-September täglich 10–17 Uhr)

Jetzt brauchen wir nur noch ein kleines Stück auf der Bundesstraße zu radeln, dann biegen wir rechts ab in Richtung **„Neugaul"**.

In **Neugaul** biegen wir an der Kreuzung nach links ab. Auch hier bietet sich unseren Augen ein eindrucksvolles Bild: die weite offene Fläche des Oderbruchs im Kontrast zu den „Bergen“ links und voraus, die Barnimhochfläche bzw. die Endmoränen auf der Neuenhagener Insel und bei Liepe.

Diese Aussicht und die Ruhe ist Entschädigung genug für den kleinen Umweg abseits der Bundesstraße nach **Altranft**, von dem schon der weiße Kirchenturm mit dem roten Dach zu sehen ist, zumal die schmale Straße entlang eines Fließes ausgezeichnet befahrbar ist.

An einer Kreuzung mit einer breiteren Straße (diese Stelle merken wir uns, wir kommen später hierher wieder zurück) fahren wir nach links zum **Schloß Altranft**. Durch die (hintere) Einfahrt am Schloßpark, dies ist der Ausgangspunkt für die Fortsetzung der Tour, gelangen wir zum Eingang.

Altranft

Das Schloß, im Kern aus dem 16. Jahrhundert, 1678 umgebaut und 1910 stark verändert, gehört zum **Freilichtmuseum** Altranft. Hier befindet sich die Kasse und eine Ausstellung über das Dorf, das Schloß, die Wohn- und Lebensweise der Gutsherrschaft und die Baugeschichte des Oderbruchs.
Dieses Museum für Volkskunde, Agrargeschichte und Ökologie ist kein geschlossener Komplex, sondern die Objekte befinden sich an verschiedenen Punktes des Dorfes und im Oderbruch (Bockwindmühle in Wilhelmsaue, siehe Tour 10). Zu sehen sind sehr schöne Wohn- und Wirtschaftsgebäude aus dem 17. bis 19. Jahrhundert. Die Saalkirche wurde im Jahre 1752 erbaut, der Turm 1901 neobarock umgestaltet.
(*Öffnungszeiten* April-Oktober: Dienstag-Freitag 9–17 Uhr, Wochenende 11–18 Uhr; November-März: Dienstag-Freitag 10–16 Uhr, Wochenende ab 11 Uhr).
Für geologisch Interessierte ist ein Abstecher zum **geologischen Lehrpfad** zu empfehlen, der die Spuren der Eiszeit in dieser Region offenlegt. Wir gelangen dorthin, wenn wir von der hinteren Schloßeinfahrt bis zur B 167 fahren, diese überqueren und nach der Eisenbahnbrücke gleich rechts abbiegen.
Auf der gleichen Strecke, nur nach der Brücke weiter geradeaus, können wir – allerdings sehr beschwerlich – die Tour abkürzen. Bis Bergtal geht es auf Verbundpflaster noch einigermaßen sanft bergan. Jedoch beginnt jetzt ein recht heftig ansteigender Fahrweg (teils Kopfsteinpflaster, teils unbefestigt) bis Sonnenburg. Auf der nun folgenden Plattenstraße ist es noch ein kurzes Stück bis zum Abzweig „Baasee“ links und damit zur Originalstrecke.

Wir fahren von der hinteren Einfahrt zum Schloß zurück zur Kreuzung am Fließ (Freienwalder Landgraben) und biegen nun nach links ab. Auf der ruhigen Asphaltstraße rollen wir über Flämingsau nach Bad Freienwalde. (Möglich ist auch, dort am Fließ weiterzufahren, wo die Straße nach rechts abschwenkt. Allerdings kann der Weg matschig sein.)

In **Bad Freienwalde** (Informationen zur Stadt siehe Tour 6, S. 76ff) fahren wir bis zur Brücke der B 158 und noch davor auf den kombinierten Rad-/Fußweg links. Auf diesem radeln wir entlang der Bundesstraße bis zur zweiten Ampelkreuzung und biegen dort zweimal links ab („Frankfurt“).

Unmittelbar darauf fahren wir nach rechts in die *„Goethestraße"* und an deren Ende nach links in die *„Sonnenburger Straße"*. Auf der schmaler und ruhiger werdenden Asphaltstraße radeln wir zunächst durch eine Schlucht ziemlich steil aufwärts.

Nach sehr schöner Fahrt bergauf, bergab kommen wir zum Ortsteil **Sonnenburg** und folgen hier einer abzweigenden Kopfsteinpflasterstra·e nach rechts, an der das Schild **„Waldschänke Baasee"** zu unserer nächsten Zwischenstation weist. Den romantischen See mit der rustikalen Gaststätte erreichen wir nach circa einem Kilometer.

Der **Baasee** liegt in einer bemerkenswerten Wald- und Hügellandschaft, die an ein Mittelgebirge, dem Unterharz vergleichbar, erinnert. Die geheimnisvolle Szenerie des tiefen Waldkessels – die eigentümliche Färbung des Wasser und die merkwürdige Uferregion – regte und regt die Phantasie der Menschen an, so daß sich viele Dichtungen und Sagen um ihn ranken.
Die Umgebung des Sees, der aus einem in der Nacheiszeit abtauenden Toteisblock entstand, hat aber auch forstgeschichtliche Bedeutung. Vor über 100 Jahren wurden hier zu Versuchszwecken fremdartige Gehölze angepflanzt, so unter anderem Riesenlebensbäume, Douglasien und Japanische Magnolien. Ein Gedenkstein erinnert an Dr. Danckelmann, dem damaligen Direktor der Forstakademie Eberswalde (siehe Tour 7), der 1880 den Plan für die Prüfung der Anbauwürdigkeit fremdländischer Holzarten in 90 Forstrevieren erarbeitete. Ein **dendrologischer Lehrpfad** macht mit den eingeführten Holzarten sowie den hier ursprünglich wachsenden Bäumen, Gräsern und Kräutern vertraut.
Ein Besuch des Gasthauses mit der Baudenatmosphäre ist besonders schön, wenn in der kalten Jahreszeit der in der Mitte stehende große, offene Kamin mit Holz beheizt wird.

Auf dem Weg am linken Seeufer setzen wir die Tour fort und biegen nach einer „halben Runde" vor den Riesenlebensbäumen, auf die ein Schild hinweist, nach links ab. Der mit einem grünen Punkt markierte, recht schmale, aber einigermaßen gut befahrbare Weg führt uns weiter durch's Gebirge.

Wir weichen – im wahrsten Sinne des Wortes – nicht vom Weg ab, der zwischenzeitlich mit einem grünen Strich gekennzeichnet ist, bis wir an eine Kreuzung kommen, die als „Teller“ bezeichnet wird und an der eine Schutzhütte steht.

Hier radeln wir geradeaus, wobei wir uns nicht von der (richtigen) Ausschilderung **„Bad Freienwalde“** verblüffen lassen dürfen. Auch der Autor ist hier schon hereingefallen und in die falsche Richtung gefahren, weil er ja nicht zurück wollte …

Nach einer steilen und sandigen Abfahrt erreichen wir das Brunnental, eine späteiszeitliche Schmelzwasserrinne, wo wir den Fahrweg im Tal nach links benutzen. Er ist ausgeschildert mit **„Rädikow/Wollenberg“** und durch einen grünen Strich markiert. Auf dieser reizvollen Strecke stoßen wir nach einiger Zeit bei der Revierförsterei und Siedlung **Rädikow** auf eine asphaltierte, jedoch sehr ruhige Straße. Auf dieser radeln wir nach links und überqueren später die Straße Wriezen–Steinbeck.

Die eiszeitlichen Formungen machen uns jedoch weiterhin zu schaffen, denn noch immer warten hübsche Anstiege in der hügeligen Landschaft auf uns.

Der nächster Ort ist **Harnekop** (mit ursprünglich mittelalterlicher Kirche) an den Ufern des langgestreckten Großen Sees und des Schloßsees. Hier könnten wir uns für viel Geld eine Scheinattraktion zu Gemüte führen – einen ehemaligen Führungsbunker des DDR-Verteidigungsministeriums.

Hinter Harnekop fahren wir auf Kleinpflaster bergan bis **Sternebeck**. (Vor dem Bahnübergang der Strecke Berlin–Wriezen geht es rechts zur Badestelle am Sternebecker See.)

Wir radeln durch den Ort geradeaus und dann – anfangs noch aufwärts, am Schluß bergab – bis **Prötzel** (siehe Tour 14, S. 140). Hier biegen wir zuerst nach rechts ab (**„Tiefensee“**) und kurz darauf nach links in Richtung **Strausberg**. Auf dieser Straße erreichen wir nach etwa sieben Kilometern unseren Ausgangspunkt.

Ein märkisches Vineta: Blumenthal

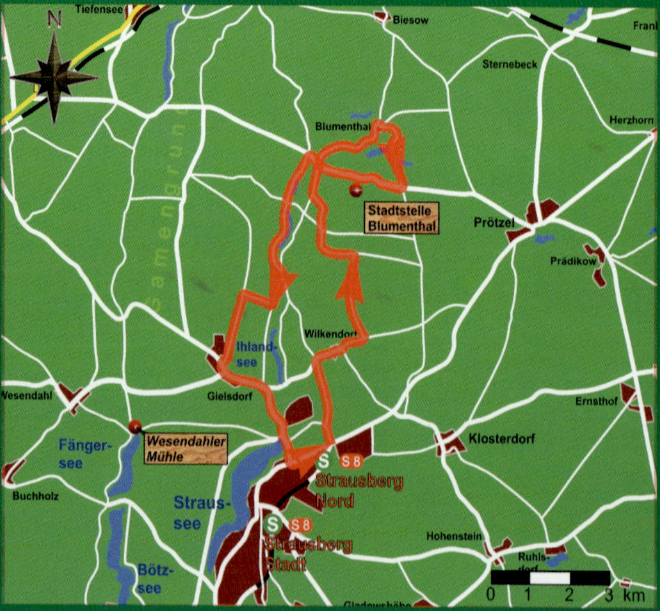

Start und Ziel: S-Bahnhof Strausberg Nord
Streckenlänge: 30 km
Wegbeschaffenheit: Überwiegend Wege, ab Gielsdorf Straße
Sehenswertes (Auswahl): Kirche Gielsdorf
Einkehrmöglichkeiten: Wilkendorf, Gielsdorf, Strausberg
Baden: Ihlandsee (zwischen Gielsdorf und Strausberg, am Abzweig Wilkendorf)

Diese sehr ruhige Tour führt uns durch das Strausberger und Blumenthaler Wald- und Seengebiet.

Ein versunkene Stadt – sicher eines der beliebtesten Sagenmotive. Auch wenn Blumenthal wahrscheinlich nie eine Stadt war, regt die Geschichte und das Schicksal dieses Ortes immer wieder die Phantasie an. Auch Fontane ließ sich davon anstecken und entdeckte hier „etwas von dem Zauber Vinetas“.

Blumenthal und seine Umgebung stehen jedoch auch für ein geschlossenes Mischwaldgebiet mit einer sehr vielfältigen Vegetation. Ebenso werden wir einige sehr schön gelegene Seen auf unserer Fahrt entdecken.

★

Vom Bahnhof überqueren wir die Straße und fahren den *„Wilkendorfer Weg"*, zunächst Kopfsteinpflasterstraße, dann Fahrweg, in Richtung **„Golfplatz"**.

In **Wilkendorf** stoßen wir rechtwinklig auf eine Asphaltstraße und sehen links das Herrenhaus, das Bundeseigentum ist und daher nicht besichtigt werden kann.

Auf der Asphaltstraße, die sozusagen als Umgehungsstraße für den Golfplatz und den entstehenden Wohnpark angelegt wurde, radeln wir nach rechts und kommen zu einer *range* des Golfparks.

Wilkendorf wurde und wird mit der Anlage des Golfplatzes und den (fast „automatisch") entstehenden Wohnhäusern ziemlich umgestaltet. Allerdings wurde der Dorfkern selbst in seiner Anlage (noch?) belassen. Ein positiver Nebeneffekt des Golfplatzes ist die Rekonstruktion der spätgotischen Feldsteinkirche.

An der Kreuzung, wo rechts der „PGA Pub" steht, fahren wir nach rechts bergauf. Am Ortsausgangsschild wechselt der Straßenbelag zu überwachsenem Kopfsteinpflaster, so daß wir dennoch halbwegs gut radeln können.

Wir erreichen bald eine Kreuzung, an der links ein Weg mit einer grünen Drehschranke gesperrt ist. In dieser Richtung fahren wir nun entlang des Clubplatzes weiter, halten uns also an einer Weggabelung links. (Auch hier sehen wir, daß sich der Golfplatz relativ harmonisch in die Landschaft einpaßt.)

Bis zu einer T-Kreuzung bleiben wir auf dem Weg. Jetzt biegen wir links ab und rollen nun sehr gut durch einen schönen Mischwald. Nach einer Senke und einer Schonung links biegen wir auf einen breiteren Fahrweg nach rechts ab. Auch hier kommen wir erneut gut voran, so daß wir recht schnell die Straße Tiefensee – Prötzel erreichen. Über diese hinweg fahren wir geradeaus in den Blumenthal. Der knapp zwei Kilometer lange Fahrweg bis zum Forsthaus und zur kleinen Siedlung gleichen Namens ist nicht mehr so gut. Wir werden durch den schönen Mischwald jedoch entschädigt.

Der **Blumenthal** ist eines der größten geschlossenen Waldgebiete in Brandenburg. Seine Name ist auf den artenreichen Blumenstand zurückzuführen. Im Wald sind Winterlinden, Hainbuchen, Taubeneichen und Bergulmen vertreten. Sogar Waschbären sollen hier noch leben. Aus der Artenvielfalt sowie die Ruhe und Abgeschiedenheit gewinnt der Blumenthal seinen besonderen Reiz, der noch durch die sagenumwobene Stadtstelle verstärkt wird. Aber dazu später mehr.

In der kleinen Siedlung mit Forsthaus biegen wir nach rechts ab und sehen dort einige schöne alte Bäume, unter anderem Eichen und Platanen. An einer Weggabelung vor einem alten, abgestorbenen Baum fahren wir ebenfalls nach rechts an einer Holzschranke vorbei. Wir erreichen kurz darauf den malerisch gelegenen **Blumenthalsee**. An der nächsten Gabelung folgen wir dem mit einem grünen Strich markierten Weg nach links, und erneut erblicken wir einen See. Es ist der **Faule See**, der genauso romantisch in den Wald eingebettet, aber wie der Blumenthalsee nicht zum Baden geeignet ist.

Danach fahren wir auf einem ansteigenden begrünten Weg etwas beschwerlich bis zur schon genannten Straße.

Auf dieser radeln wir nun leichter, dafür aber auch weniger ruhig, nach rechts weiter. Nach anderthalb Kilometern erreichen wir die **„Stadtstelle“ (Blumenthal)**.

Hier befindet sich eine kleine Siedlung; was aber noch interessanter ist, an dieser sagenumwobenen Stelle gab es im Mittelalter das (größere?) Kirchendorf Blumenthal. Im „Landbuch der Mark Brandenburg“ des Kaisers Karl IV. noch 1375 erwähnt, wurde es schon 1448 als „Wüste Feldmark Blumenthal“ bezeichnet.

Nach dem römischen Geschichtsschreiber Tacitus soll sich an dieser Stelle der heilige Hain der Semnonen befunden haben. Ein fünf Kubikmeter großer Findling, der Markstein, sei dabei der Opferstein dieses germanischen Stammes gewesen. Doch dies konnte durch archäologische Untersuchungen genauso wenig bestätigt werden wie die Annahme, daß hier sogar eine

Stadt stand – auch Fontane war in der eindrucksvollen Beschreibung dieses Ortes in seinen „Wanderungen durch die Mark“ dieser Ansicht. Bewiesen wurde aber die Existenz des Dorfes.

Auf der Straße fahren wir unweit der Stadtstelle dort vorbei, wo wir sie zuerst überquert haben. Unmittelbar dahinter biegen wir noch vor der Senke auf den Fahrweg links ab. Wir radeln nun an einem Waldparkplatz vorbei und halten uns dort rechts. An der nächsten Weggabelung fahren wir nach links und bald darauf sehen wir den ersten der Lattseen. Der weitere Weg ist nicht immer leicht erkennbar, wir radeln aber immer an den wie an einer Perlenschnur aufgereihten idyllischen schmalen Seen entlang. Auch nach dem letzten See bleiben wir zunächst noch im Tal, bis wir an eine Wegkreuzung kommen, wo wir rechts der Ausschilderung **„Gielsdorf/Strausberg“** folgen. An der nächsten Kreuzung biegen wir halbrechts auf den mit einem grünen Strich markierten Feldweg ab, der entlang des Waldrandes bergauf führt.

Nach dem Anstieg erreichen wir vor einzelnen Häusern einen quer zu unserer Richtung führenden Fahrweg, dem wir nach links folgen. Von hier müssen wir noch ein etwas holpriges Stück bis nach **Gielsdorf** fahren, bis wir dort auf eine Betonstraße stoßen. Auf dieser fahren wir nach links weiter.

Zuvor könnten wir noch ein Abstecher zur sehenswerten Kirche (rechts) machen. (Siehe Tour 10, S. 115)

Auf der Hauptstraße radeln wir weiter bis **Strausberg**. Am Ortseingang steht links ein neues Hotel mit Restaurant im englischen Landhausstil.

Unser Weg führt uns jetzt bis zur Kreuzung vor dem **Straussee**. Hier fahren wir links bergauf bis zur Ampelkreuzung, von wo es nach links nicht mehr weit bis zum Bahnhof ist.

Wer noch in das Zentrum von Strausberg möchte, fährt an der Ampel nach rechts, die *„Wriezener Straße“*.

Ein Gebirge bei Berlin:

Start und Ziel: Bahnhof Strausberg
Streckenlänge: 53 km
Abkürzungen: Hinter Bollersdorf Abzweig direkt nach Buckow. Von Garzau an Kreuzung geradeaus durch die Siedlung Rehfelde.
Wegbeschaffenheit: Asphaltstraßen und Verbundpflasterwege, 10 km Fahr- und Wanderwege, ein 4 km langer Abschnitt mit Kopfsteinpflaster.
Sehenswertes (Auswahl): NSG Stobbertal, Brecht-Weigel-Haus, Schmettaugarten und Ökohof in Garzau
Einkehrmöglichkeiten (Auswahl): Pritzhagen, Buckow, Waldsieversdorf, Garzau
Baden: Schermützelsee, Langer See bei Garzin

Unweit von Strausberg, also sozusagen vor den Toren Berlins, beginnt der Naturpark Märkische Schweiz. Dessen Herz, das Hügel- und Kesselland um Buckow, gehört ohne Zweifel zu den schönsten Landstrichen Ostbrandenburgs. Die relativ großen Höhenunterschiede und tiefeingeschnittenen Täler vermitteln wirklich den Eindruck eines Gebirges, was im schönen Kontrast zu dem nicht so bewegten Umland steht.

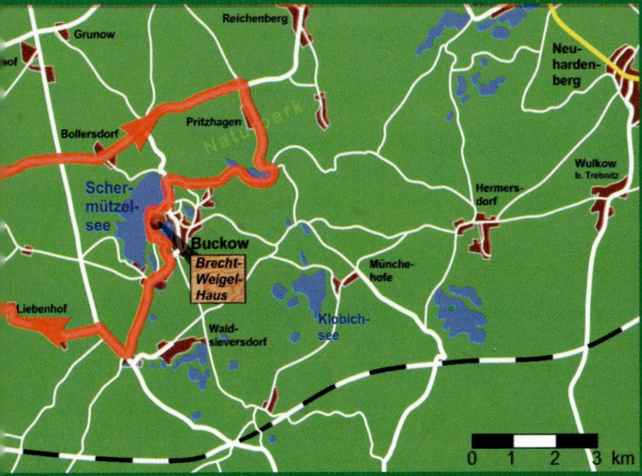

Kein Wunder also, daß hier viele Berliner Erholung suchten und suchen, darunter auch bekannte Künstler. Zweien davon werden wir auf unserer Tour begegnen.

Auch wenn Buckow an den Wochenenden stark besucht ist, so werden wir dennoch zumeist recht ruhig fahren können.

★

Vom Bahnhof aus überqueren wir die Straße, fahren zum „Kleinbahnhof“ (Straßenbahnendstelle) und von dort entlang der Schienen nach rechts. Wir radeln auf einem Verbundpflaster-Radweg, der als Europäischer Fernradweg R 1 ausgewiesen ist und an der *„Garzauer Straße“* endet. Hier biegen wir nach rechts ab und überqueren dann die Ampelkreuzung **(„Rehfelde“)**. Das nächste Wegstück bleiben wir auf der Hauptstraße, die nach einer Doppelkurve am „Herrensee“ vorbeiführt.

Wo die Hauptstraße nach rechts abbiegt, fahren wir von der geradeaus führenden schmalen Asphaltstraße nach links auf den Fahrweg. Er ist ebenfalls als „R 1“ ausgeschildert. Zunächst radeln wir entlang einer Siedlung, dann durch ein kleines Waldstück und erreichen danach wieder die Siedlung. Kurz darauf sehen wir rechts das Straßenschild „*Poststraße*". Dahinter stoßen wir auf eine Kreuzung und fahren hier auf einem Fahrweg nach links. Es ist der „*Klosterdorfer Weg*", das Straßenschild ist allerdings nur auf der abgewandten Seite beschriftet.

Im weiteren Verlauf überqueren wir die Straße Strausberg (Stadt) – Rehfelde und radeln nun in Richtung Gladowshöhe auf dem Wanderweg mit einer Gelben-Strich-Markierung. In **Gladowshöhe** haben wir die Grenze des Naturparks Märkische Schweiz erreicht.

Naturparks sind neben den Nationalparks und Biosphärenreservaten eine weitere Kategorie großräumiger Schutzgebiete. Innerhalb ihres Territoriums werden Gebiete mit besonderem landschaftlichen Reiz und wertvoller Naturausstattung geschützt und zu einem Biotopverbundsystem entwickelt. Dies erfolgt gleichzeitig mit dem Ziel, die Erholungsfunktion nachhaltig zu sichern, wobei die touristische Nutzung den Naturschutz zu berücksichtigen hat.

Der **Naturpark Märkische Schweiz** erhielt, ebenso wie das Biosphärenreservat Schorfheide-Chorin, mit dem Beschluß der letzten DDR-Regierung vom 12.9.90 eine gesetzliche Grundlage. Es erstreckt sich auf 205 Quadratkilometern links und rechts des Flüßchens Stobber (Stöbber), das den Barnim vom Lebuser Land trennt, und umfaßt sowohl das Rote Luch und das Teichgebiet um Altfriedland am Oderbruch als auch Teile des Lebuser Landes und des Barnims. Im Zentrum liegt das Buckower Hügel- und Kesselland, die eigentliche Märkische Schweiz (davon später mehr).

Der Naturpark ist Landschaftsschutzgebiet unter Einschluß von sechs Naturschutzgebieten (8,8 Prozent der Gesamtfläche), darunter das Stobbertal und die Klobichseen, in denen selbstverständlich bestimmte Verhaltensregeln einzuhalten sind.

Den besonderen Reiz des Naturparks macht das dichte Nebeneinander unterschiedlicher eis- und nacheiszeitlicher Landschaftsformen aus.

Die landschaftliche Vielfalt, zu denen auch naturnahe Mischwälder gehören, bietet günstige Voraussetzungen für eine mannigfaltige Tier- und Pflanzenwelt, darunter auch viele bestandsbedrohte Arten, wie See- und Fischadler, Schwarzstorch, Eisvogel, Waldwasserläufer, Fischotter, Biber und Europäische Sumpfschildkröte.

Auf einer relativ ruhigen Asphaltstraße können wir, nach links, bis Hohenstein (Feldsteinkirche Mitte 13. Jahrhundert) weiterrollen. Hier biegen wir an der Kreuzung rechts ab. Beim jetzt folgenden Abschnitt bis zur Verbindungsstraße Prötzel – Müncheberg verbleiben wir auf der bis dahin leider etwas belebteren Hauptstraße. Davor passieren wir aber noch **Ruhlsdorf**, hier beeindrucken die vielen Feldsteinbauten, und einen Endmoränenzug.

Auch danach fahren wir weiter geradeaus und erreichen bald **Bollersdorf**.

Hier befinden wir uns schon am Rand des Buckower Hügel- und Kessellandes, dem Herzen und Namensgeber des Naturparks. Es umfaßt die Wälder, Seen, Fließe und Erhebungen um Buckow und Waldsieversdorf. Die äußerst abwechslungsreiche und schöne Landschaft mit beachtlichen Höhenunterschieden von über 100 Metern hat sicher zu dem klangvollen Namen „Märkische Schweiz" Anlaß gegeben, der Mitte des vergangenen Jahrhunderts erstmals verwendet wurde.
Geprägt wird die Landschaft insbesondere auch durch die vielen tiefeingeschnittenen Schluchten, die Kehlen. In einer davon, der Schwarzen Kehle gleich unterhalb von Bollersdorf, wurde sogar bis Anfang des 20. Jahrhunderts unter Tage Braunkohle gefördert.
Bollersdorf liegt circa 50 Meter über dem größten See der Märkischen Schweiz, dem sagenumwobenen Schermützelsee mit einer Fläche von 146 Hektar und einer Tiefe bis zu 45 Meter. Der Ort ist ein typisches Gutsdorf, dessen Anger mit Weiher und spätgotischer Kirche ein sehenswertes Bild bietet.
Am Anger vorbei führt eine Straße in südlicher Richtung zum Kinderheim „Weiße Taube", wo man einen herrlichen Blick auf den Schermützelsee und Buckow hat.

Hinter Bollersdorf rollen wir bergab in eine Senke und am Abzweig **„Buckow"** geradeaus vorbei.

Hier könnten wir die Tour, beispielsweise bei schlechtem Wetter, abkürzen.
Nach dem Abzweig, hinter dem Sophienfließ, bietet sich auf dem Wanderweg rechts ebenso ein Abstecher zur **Wurzelfichte** an. Das Wurzelwerk dieses über 150jährigen Baumes wurde

zum Teil freigespült und bietet daher einen bizarren Anblick. Hierher sollten wir allerdings unser Rad schieben.

Hinter dem Abzweig warten nun ein paar Höhenmeter auf uns, die es durchaus in sich haben. Wenn wir den Wald verlassen, sehen wir rechts den Krugberg mit dem Feuerwachturm. Er ist mit 130 Meter über NN die höchste Erhebung in der Märkischen Schweiz, immerhin 100 Meter über dem Schermützelsee. Von dort hat man einen schönen Blick über den östlichen Teil des Naturparks und, bei schönem Wetter, das Oderbruch.

Wir radeln nun bis zum Abzweig **Pritzhagen** rechts (links steht ein Buswartehäuschen) und durch das kleine Dorf, das durch den Weiher und die im Kern mittelalterliche Kirche idyllisch geprägt wird.

Hinter Pritzhagen beginnt mit einer vor allem im unteren Abschnitt ziemlich rasanten Abfahrt der vielleicht schönste Abschnitt der Tour. Besonders bis zur Pritzhagener Mühle hat man den Eindruck einer Fahrt durchs Gebirge. (Dieser Eindruck ist noch stärker, wenn man hier bergauf fährt. Wer möchte, kann ja nochmal zurückfahren …)

Die Straße geht über in einen Fahrweg, und kurz darauf biegen wir nach rechts ab in Richtung **„Stobbertal/Buckow“**. Mittlerweile haben wir das Naturschutzgebiet Stobbertal erreicht, das größte im Naturpark. An der nächsten Weggabelung folgen wir dem linken Wanderweg entlang der Stobber, der mit einem gelben Strich markiert ist. Die idyllisch-romantische Strecke entlang des Baches ist zwar zunächst schmal, aber auf jeden Fall ordentlich befahrbar.

Bei einer Tour mit einer Gruppe oder nach längeren Regenfällen ist daher der an der letzten Gabelung geradeausführende und breitere Weg entlang der Tornowseen vorzuziehen.
Allerdings sollten wir bei beiden Strecken unbedingt berücksichtigen, daß wir uns in einem sensiblen Schutzgebiet befinden, in dem bestimmte Regeln einzuhalten sind. Unter anderem dürfen die ausgewiesenen Wege nicht verlassen werden.
Das Tal des Stobber, ist auf einer Länge von 13 Kilometern geschützt. Die weitgehend in einem natürlichen Zustand verbliebenen Fließgewässer und Bachauen bieten vielen seltenen Tierarten günstige Lebensbedingungen.

Bis Buckow bleiben wir nun im Stobbertal, biegen also nicht nach „oben" ab. Die erste Holzbrücke ignorieren wir, was bei der zweiten nicht mehr möglich ist, denn dort müssen wir hinüber. Wir erreichen eine eingefaßte Quelle – die Güntherquelle – und links eine steinerne Brücke (dahinter beginnt die Stadt Buckow). Wir fahren aber weiter geradeaus den *„Hopfenweg"* in Richtung Strandbad Schermützelsee. Wir biegen später auf eine Asphaltstraße nach rechts ab und radeln an der T-Kreuzung die *„Wriezener Straße"* nach links. Hier steht das ehemalige Ferienheim „Theodor Fontane", das allerdings (noch?) einen sehr traurigen Eindruck macht. Kurz darauf fahren wir am Strand des **Schermützelsees** vorbei.

Danach gibt es *zwei Varianten*:

Wer dem Trubel, der gerade am Wochenende in der Stadt herrscht, aus dem Wege gehen will, der biegt an der nächsten Straße, an der alten Schmiede, rechts ab. Auf dieser Einbahnstraße geht es zunächst bergauf, und im weiteren Verlauf kommen wir zur Bertolt-Brecht-Straße und zum Brecht-Weigel-Haus. Davor sehen wir rechts einige hübsche Villen am Hochufer des Schermützelsees.

Wer dagegen noch etwas mehr von der „City" von Buckow sehen will, radelt an der alten Schmiede weiter auf der Hauptstraße zur Besucherinformation und zum Markt mit der Kirche. Danach müßte man die *„Wriezener Straße"* ein Stück zurückfahren, und dann gleich schräg nach links vorn abbiegen in die *„Werderstraße"*, eine bergauf führende Pflasterstraße. Im weiteren Verlauf kämen wir dann ebenfalls zum Brecht-Weigel-Haus.

Buckow liegt in der kesselartigen Verbreiterung einer Schmelzwasserrinne, umrahmt von mehreren Seen, bewaldeten Hügeln und romantischen Tälern. Diese herrliche Lage vor allem, sicher nicht so sehr die Stadt an sich, hat Buckow die Bezeichnung „Perle der Märkischen Schweiz" eingebracht.
Die Geschichte des Ortes, der historisch-geographisch zum Lebuser Land gehört (siehe Tour 17, S. 172), begann ungefähr zu Beginn des 8. Jahrhunderts, als Slawen aus dem Osten einwanderten. Daher ist auch der Name wendischen Ursprungs und bedeutet soviel wie Buchenort oder Buchenaue. 1249 wird der Ort erstmals als „Castrum Bucove" urkundlich erwähnt, 1253 wird die Stadt dem Kloster Leubus übereignet.
Damit begann die deutsche Besiedlung. Um 1550 erhielt Buckow

die Stadtfreiheiten, und es entwickelte sich ein blühendes Gemeinwesen. Haupterwerbszweig der Bürger war dabei das Bierbrauen und der Hopfenanbau, den die Lebuser Mönche eingeführt hatten und der hier besonders gut wuchs. Heute erinnern nur noch die Hopfenranken an den einst wichtigsten Wirtschaftszweig, der aus verschiedenen Gründen im 17./18. zum Erliegen kam.

Später versuchten es die Buckower mit der Rosenzucht, daher ist auch eine Rose im Wappen zu finden. Aber erst Mitte des 19. Jahrhunderts blühte der Ort durch den Fremdenverkehr wieder auf. Viele Bewohner der Hauptstadt kamen zur Sommerfrische nach Buckow und Umgebung. Mit dem Bau der Ostbahn Berlin – Küstrin und insbesondere mit der Fertigstellung der Stichbahn von Müncheberg entwickelte sich das Städtchen zu einem vor allem in den 20er Jahren diese Jahrhunderts bevorzugten Luftkur- und Badeort vor den Toren Berlins. Um die Jahrhundertwende entstanden viele Villen des Berliner Bürgertums.

Hierher kam man aber auch, um diesem oder jenem bekannten Künstler zu begegnen, der hier seine Sommermonate verlebte. Konzerte und Theateraufführungen gehörten zum alltäglichen Bild.

Nach dem Zweiten Weltkrieg, der auch hier Zerstörungen mit sich brachte, nutzten jährlich Tausende Urlauber, keinesfalls nur privilegierte, die preisgünstigen Ferienangebote der DDR-Gewerkschaft.

Aber Buckow blieb auch ein Ort der Künstler. So verbrachten Bertolt Brecht und seine Frau, die berühmte Schauspielerin und Leiterin des Berliner Ensembles, Helene Weigel, jeweils in der warmen Jahreszeit hier einige Wochen. Sie pachteten 1952 die direkt am Schermützelsee gelegene „Eiserne Villa" (erbaut 1906/10, der Name stammt von einem mit Eisenplatten beschlagenen Vorgängerbau). Die Zeit in Buckow war für Brecht sehr fruchtbringend: Hier arbeitete er an den Dramen „Coriolan" und „Turandot" und schrieb die „Buckower Elegien". Nach seinem Tod 1956 führte Helene Weigel bis zu ihrem Ableben 1971 die Theaterarbeit und betreute auch das Anwesen weiter, das 1975 an den Staat zur Einrichtung einer Erinnerungsstätte verkauft wurde. Das Brecht-Weigel-Haus, 1977 als Museum eröffnet, gibt heute mit Dokumenten, Fotos und der

originalen Einrichtung Einblick in das Leben der beiden Künstler. Außerdem finden hier literarische Veranstaltungen, Konzerte und Theateraufführungen statt.
(*Öffnungszeiten* April-Oktober: Mittwoch-Freitag 13–17 Uhr, Wochenende 13–18 Uhr; November-März: Mittwoch-Freitag 10–12, 13–16 Uhr, Sonntag 11–16 Uhr)
Buckow ist heute wieder „Staatlich anerkannter Kneippkurort", nachdem es 1939 das „Bad" verloren hatte, und knüpft damit wieder an seine Traditionen an, ebenso mit Sommer-Theaterveranstaltungen, Open-Air-Konzerten und Ausstellungen. Eine Galerie befindet sich in der Besucherinformation des Umwelt- und Fremdenverkehrsamtes im „Alten Warmbad". Dahinter gelangt man zum Stadtpark, früher ein barocker Schloßpark. Hier stand ein 1674/80 erbautes Schloß, das im Zweiten Weltkrieg zerstört und Ende der 40er Jahre gänzlich abgetragen wurde.
Die Kirche, ein ursprünglich mittelalterlicher Feldsteinbau, wurde mehrfach durch Kriege und Brände zerstört, aber immer wieder auf- und umgebaut.
In Buckow befindet sich auch ein Eisenbahnmuseum. Es dokumentiert die nun 100jährige Geschichte der Waldbahn Müncheberg – Buckow, die aber derzeit nur als Schienenersatzverkehr fährt. (*Öffnungszeiten* des Museums: Mai-Oktober am Wochenende 10–16 Uhr)

Das Brecht-Weigel-Haus
in Buckow

Vom **Brecht-Weigel-Haus** radeln wir noch ein Ministück auf der jetzt gesperrten Straße und biegen dann links auf die Buckowsee-Promenade ab. Auf diesem zweigeteilten Fahrweg kommen wir bald zu einer mit Schilf gedeckten Rasthütte. Von hier haben wir einen wunderbaren Blick über den **Buckowsee** zu Stadt. Nach kurzer Fahrt stoßen wir an einem ehemaligen Mühlenwerk auf die quer durch Buckow führende gepflasterte Hauptstraße. Auf dieser Straße, beziehungsweise auf dem Randstreifen, erklimmen wir nach rechts einen kurzen Anstieg. Wir radeln an der Jugendherberge vorbei, davor steht eine alte, große Sommerlinde (Naturdenkmal).

Am Ortsrand beginnt mit der neuen Asphaltstraße zugleich ein ausgezeichneter Verbundpflaster-Radweg auf dem wir bald Waldsieversdorf erreichen. Hier biegen wir auf die Straße Müncheberg–Prötzel nach rechts ab. Dem nächsten Abzweig **„Rehfelde/ Garzin"** folgen wir nach links. Zum kleinen Dorf **Bergschäferei** gelangen wir bergauf.

Allerdings verspricht der Name „Bergschäferei" wesentlich mehr, als wir zu sehen bekommen. Zudem beginnt hier eines der letzten echten Abenteuer, was einen als Radfahrer in Mitteleuropa noch erwartet: eine fast vier Kilometer lange Straße mit gröbstem Feldsteinpflaster. Es gibt zwar Randstreifen, die sind aber ausgefahren und bei Trockenheit oder Regen ohnehin tabu. Kein Wunder, ist man geneigt zu sagen, daß der Europäische Fernradweg R 1 hierüber gelegt wurde, so etwas muß man einfach erlebt haben.

Wir versuchen nun so gut es geht, diese Strecke (auch in Liebenhof bleiben wir auf der „Hauptstraße") bis **Garzin** zu bewältigen. Dort geht es weiter auf Asphalt.

Am Weiher, der zusammen mit der dahinter stehenden spätromanischen Kirche (Mitte 13. Jahrhundert) ein idyllisches Dorfbild vermittelt, folgen wir der Straße nach links. Hinter Garzin radeln wir am Langen See mit einer schönen Badestelle vorbei.

In **Garzau** sehen wir zunächst die schön auf einem Hügel gelegene Feldsteinkirche aus dem 13. Jahrhundert. Danach haben wir die Möglichkeit, einem Öko-Hof und dem **Schmettaugarten**, beide rechts von der Straße, einen Besuch abzustatten.

Carl Graf von Schmettau hatte 1778 hier das Rittergut erworben und ließ nach seinen Vorstellungen einen der schönsten Parks Ostbrandenburgs errichten. Architektonische Kleinode waren eingebettet in eine kunstvoll angelegte Landschaft mit Seen, Kanälen und Wasserfällen.
Da von 1802 an die Besitzer mehrfach wechselten, verfiel der Garten immer mehr. Nur die Pyramiden-Ruine ist noch erhalten, die 1784 als Grabmal für von Schmettau errichtet wurde. Seine Grabstätte befindet sich jedoch in Weimar, da er 1806 in der Schlacht bei Saalfeld fiel.
Graf Schmettau wurde aber vor allem durch die „Schmettausche Karte von Preußen" berühmt. Das Kartenwerk von 200 Blatt wurde im Maßstab von 1:50000 von Hand gezeichnet. Gewissermaßen haben wir es von Schmettau auch zu verdanken, da· wir heutzutage in Brandenburg sicher unser Ziel finden.
Im „Öko-Hof" mit ökologischem Gemüsebau gibt es sowohl einen Ab-Hof-Verkauf landwirtschaftlicher Produkte als auch ein schönes Haustiergehege (Kinderbauernhof).

Auf der Weiterfahrt durch Garzau kommen wir am Schloß vorbei, das nach einem Brand 1911 im klassizistischen Stil wiederaufgebaut wurde.

An der Kreuzung mit der Straße Rehfelde – Strausberg (Stadt) könnten wir auch geradeaus fahren. Da es dort aber auf einem Fahrweg weitergeht und wir sicher immer noch ziemlich geschlaucht sind von den Strapazen vor Garzin, biegen wir jetzt nach links ab in Richtung **Rehfelde** und können zumindest für ein Stück den Radweg benutzen. Im Ort fahren wir noch vor dem Bahnübergang in die *„Ernst-Thälmann-Straße"* nach rechts. Ab hier beginnt wieder ein Radweg, der uns wenigstens bis vor den Ortsausgang etwas ruhiger fahren läßt. Allerdings ist die Straße, auf die wir dann müssen, zumindest am Wochenende auch nicht allzu belebt. Wir folgen der Hauptstraße bis zur Kreuzung hinter der S-Bahnbrücke in Strausberg. Mittlerweile sind wir jetzt wieder auf der Ausgangsstrecke.

Hinter der Kreuzung fahren wir bis zu den Straßenbahnschienen und dann weiter nach links auf dem Radweg bis zum Bahnhof.

Weimar in der Mark und die

Start und Ziel: S-Bahnhof Strausberg Nord
Streckenlänge: 63 km, mit Abstecher nach Neuhardenberg 71 km
Abkürzungen: Von Kunersdorf auf der B 167 nach Altfriedland
Wegbeschaffenheit: Überwiegend asphaltierte Straßen, einige Ortsdurchfahrten mit Kopfsteinpflaster, 10 km Wege
Sehenswertes (Auswahl): Schloß Reichenow, Thaer-Gedenkstätte, klassizistischer Friedhof Kunersdorf, Kloster Altfriedland, Neuhardenberg (Kirche und Schloß)
Einkehrmöglichkeiten (Auswahl): Prötzel, Reichenow, Neutrebbin, Altfriedland
Baden: Klostersee in Altfriedland

andere Märkische Schweiz:

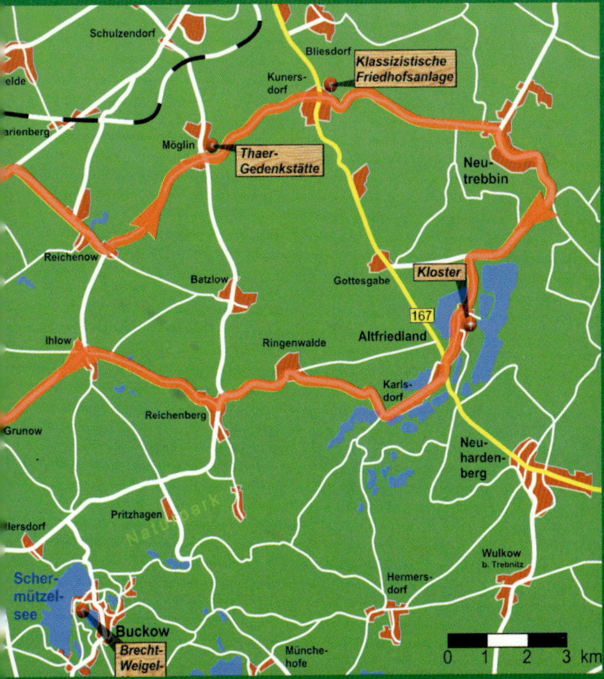

Kunersdorf und Altfriedland

Es ist die Fahrt zu verblichenem Glanz der Region: verschwundene oder vorhandene, häufig in keinem gutem Zustand befindliche Schlösser und Herrenhäuser und dazu eine Stadt, die keine mehr ist.

Dennoch hat diese Tour zum ehemaligen „Weimar der Mark" – Kunersdorf – und zur Klosterstadt Altfriedland seinen besonderen Reiz, lernen wir doch so das wenig bekannte Geistesleben in der östlichen Mark und die andere, flache Seite des Naturparks Märkische Schweiz kennen.

Und schließlich bekommen wir auch hier einen Eindruck von den lebendigen Kontrasten des Landstrichs zwischen Berlin und der Oder.

Vom Bahnhof fahren wir auf der Straße nach rechts bis **Prötzel** sieben Kilometer).

Hier sehen wir das einstmals stattliche barocke Schloß, das 1712/1930 wahrscheinlich nach Entwürfen von Andreas Schlüter errichtet und 1859 umgebaut wurde. War es zu DDR-Zeiten Kulturhaus, so gab es nach der Wende mehrere Anläufe zu einer Restauration und Neunutzung. Zur Zeit scheinen aber die Aktivitäten zu ruhen.
Die sich einst an das Schloß anschließenden Gartenanlagen mit jahrhundertealten Eichen sind allerdings nur noch in Ansätzen erkennbar.

An der Kreuzung am Schloß folgen wir der Ausschilderung **„Wriezen"** nach rechts und folgen dieser Richtung an der nächsten Kreuzung geradeaus. Weiter geht es nun bis 500 Meter hinter dem nächsten Ort Herzhorn auf der manchmal recht belebten Straße (5,5 Kilometer). Dann benutzen wir den Abzweig rechts **„Reichenow"**.

Kurz hinter dem Ortseingang sehen wir links, etwas abseits von der Straße, ein für diesen Landstrich recht ungewöhnliches neogotisches Schloß von 1897/1900. Es ist mit Zinnen, Türmchen und Arkaden im englischen Tudorstil verziert und wird umfassend rekonstruiert.
Erwähnenswert sind auch die vielen Feldsteinbauten, an denen wir bei unserer Fahrt auf der Hauptstraße durch das Dorf vorbeikommen.

Die Straße biegt vor dem Ortsausgang nach rechts ab, wir fahren aber nach links, dort steht links eine Kirche aus Granitquadern aus dem 13. Jahrhundert.

Der Fahrweg nach **Möglin** ist nicht ideal, aber in einem für den nicht zu anspruchsvollen Radler halbwegs ordentlichen Zustand. Außerdem wird der Fahrweg als Entschädigung circa zwei Kilometer vor Möglin zu einer Allee mit alten Weidenbäumen aufgewertet.

In Möglin fahren wir dann wieder auf Asphalt geradeaus auf die Hauptstraße und sehen dann linker Hand den alten Gutshof mit der **Albrecht-Daniel-Thaer-Gedenkstätte**.

Mit **Möglin** sind zwei Persönlichkeiten verbunden, eine geschichtliche und eine wissenschaftliche. Erstere war der Generalfeldmarschall J. A. von Barfuß, der aus der Mögliner Linie der alten märkischen Adelsfamilie stammte. Viel bekannter ist jedoch der Landwirt Dr. Albrecht Thaer. Die von ihm gegründete Lehranstalt erhielt 1819 durch Friedrich Wilhelm III. den Titel „Königliche Akademie des Landbaus". Viele Wissensdurstige besuchten Möglin und halfen damit, die Ideen und Erkenntnisse des „Reformators der deutschen Landwirtschaft" zu verbreiten.
Große Verdienste erwarb sich Thaer vor allem bei der Ertragssteigerung durch Fruchtwechselsfolge und Düngung sowie der Schafzucht. Die Ausstellung über das Leben und Werk Thaers befindet sich im ehemaligen Herrenhaus. (*Öffnungszeiten* April-September: 9–16 Uhr, außer Montag, Wochenende ab 10 Uhr; November-März: Dienstag-Freitag 9–15 Uhr)

Weiter geht's zunächst auf der zuvor befahrenen Straße ein kurzes Stück zurück, also vom Gutshof nach rechts, dann biegen wir nach links auf die Asphalt-/Verbundpflasterstraße ab. Wo die Straße nach rechts abbiegt, fahren wir auf den Fahrweg links nach **Kunersdorf**.

Klassizistische Grabanlage auf dem Friedhof in Kunersdorf

(Wer nicht zur Gedenkstätte fahren möchte, fährt gleich an der ersten Kreuzung in Möglin nach rechts auf die Verbundpflasterstraße und gelangt dann auf dieser und über eine weitere Kreuzung hinweg ebenfalls auf den Fahrweg.)

Auf dem akzeptablen Fahrweg, der vor kurzem links und rechts mit Bäumen und Sträuchern neu bepflanzt wurde, rollen wir überwiegend bergab nach **Kunersdorf** und haben damit das Oderbruch erreicht. Wir fahren zunächst auf Betonplatten und später Asphalt weiter bis zur B 167. Von dort sehen wir die für diese Region ungewöhnliche Kirche mit runder Kuppel, der wir nun ebenso einen Besuch abstatten können wie dem sich anschließenden Friedhof mit klassizistischer Grabanlage.

Der Ort wurde erstmals 1343 urkundlich erwähnt. 1765 kaufte Hans Sigismund von Lestwitz hier Güter. Er ließ eines der schönsten Schlösser der Mark Brandenburg erbauen (um 1770).
Frau von Friedland (seine Tochter Helene Charlotte von Borcke), die die Güter nach seinem Tod übernahm, und ihre Tochter, Henriette Charlotte von Borcke-Itzenplitz, entwickelten und erprobten hier neue Methoden der Landwirtschaft. Zugleich wurde durch ihr Wirken Kunersdorf zum geistig-kulturellen Zentrum Brandenburgs, eines „Musenhofes zu Brandenburg“. Überschwenglich auch als „Weimar der Mark Brandenburg“ bezeichnet, gingen hier Politiker, Wissenschaftler und Künstler ein und aus, darunter die Gebrüder Humboldt, der Staatskanzler von Hardenberg, Minister von und zum Stein, die Bildhauer und Architekten Schadow, Rauch und Tieck, der Landwirt Thaer, der Chemiker Klaproth (Entdecker des Urans) und der Rechtshistoriker Savigny. Auch der Dichter Adelbert von Chamisso weilte hier und schrieb seinen berühmten Roman „Peter Schlemihl“.
Wie das Schloß wurde auch die barocke Kirche nach den Kriegsschäden abgerissen und an ihrer Stelle 1955 der interessante Zentralbau errichtet. Geblieben ist das Erbbegräbnis der Familien von Lestwitz-Itzenplitz. In einer (wahrscheinlich) von Langhans entworfenen Säulenkolonnade befinden sich in Muldennischen neun Marmorgrabmäler aus dem 18. und 19. Jahrhundert, an deren Gestaltung Schadow, Rauch, Schinkel und Tieck beteiligt waren. Die Anlage ist eine Denkmal von nationalem Rang und wurde 1957 und in jüngster Zeit restauriert.

Links von der Bundesstraße zweigt die Straße nach **Neutrebbin** ab, der wir nun folgen. Hinter Kunersdorf erreichen wir nach kurzer Fahrstrecke den *Dammkrug*, ein sehr schönes Vorlaubenhaus mit Krüppelwalmdach und Rundbogenfestern, das aus dem 18. Jahrhundert stammt.

Der *Dammkrug* war für Fuhrleute, die mit ihren vierspännigen Fuhrwerken landwirtschaftliche Erzeugnisse aus dem Oderbruch nach Berlin brachten, eine angenehme Raststätte. Die Bewirtschaftung wurde 1945 eingestellt, das Haus aber durch die Initiative der Besitzer denkmalgerecht sehr gut erhalten.

In **Neutrebbin** halten wir uns an die Ausschilderung **„Gottesgabe/Neufriedland“**, also an der ersten Kreuzung zunächst nach rechts und am Denkmal des Alten Fritz nach links.

Neutrebbin ist ein typisches Straßendorf des Oderbruchs mit einigen sehenswerten Fachwerkhäusern. Es wurde 1755 im Rahmen der Trockenlegung des Oderbruchs (siehe Tour 9, S. 101) als größtes Oderbruchdorf für 131 Kolonistenfamilien angelegt. Sie kamen zumeist aus der Pfalz und Polen, einige aber auch aus der französischen Schweiz und Österreich.
Die erste Kirche von 1771 mußte 1814 abgerissen werden, 1817 wurde dann eine neue neogotische Kirche eingeweiht, wobei Schinkel den ihm als Oberbaumeister vorgelegten Entwurf gründlich überarbeitete.
Das Bronzedenkmal für Friedrich II. wurde 1994 aufgestellt und ist ein originalgetreuer Nachguß des 90 Jahre zuvor errichteten, das 1953 eines Nachts verschwand. Es war den damaligen Bilderstürmern ein Dorn im Auge – Ähnlichkeiten mit der Zeit nach 1990 in Ostdeutschland sind natürlich rein zufällig. Das Denkmal erinnert daran, daß Friedrich II. die Trockenlegung des Oderbruchs veranlaßt hatte.

Hinter dem Ortsausgang Neutrebbin folgen wir der Hauptstraße nach **„Gottesgabe“** und kommen kurz darauf nach Neufriedland. Hinter **Neufriedland** beginnt mit den Seen um Altfriedland, die zum Teil schon links zu erkennen sind, der **Naturpark Märkische Schweiz**. Vor einem einzelstehenden Gehöft und einer Trafostation auf der rechten Seite biegen wir nach links auf einen Weg ab. Dieser führt zunächst etwas nach rechts und verläuft dann entlang eines Wassergrabens.

Auf der anderes Seite des Grabens ist noch die alte Straße zu erkennen, der wir nach dem Abbiegen kurz gefolgt waren. Nur gibt es dorthin keine Brücke mehr. Der Weg ist aber auch einigermaßen gut befahrbar. (Manche Karten geben hier noch eine durchgehende Verbindungsstraße nach Altfriedland an.)

Links vom Graben befindet sich der allmählich verlandende Kietzer See, daran angrenzend Torfstiche und Sümpfe. Dies und noch viele Informationen mehr kann man auf der Tafel an der Beobachtungskanzel nachlesen, an der wir nach kurzer Zeit vorbeikommen.

Von hier hat man einen schönen Blick auf das Altfriedländer Teichgebiet, das ein Europäisches Vogelschutzgebiet ist. Es bietet Brutstätten für Wasservögel und Möven, ist aber auch Nahrungsrevier und Einstand beim Vogelzug. Besonders interessant für die Vögel sind die Inseln im Kietzer See.
Die Teichanlagen wurden von 1965 bis 1972 gebaut, haben eine durchschnittliche Wassertiefe von einem Meter und eine Fläche von rund 300 Hektar. Davon nehmen die Altfriedländer Teiche 270 Hektar ein.

In **Altfriedland** folgen wir dann der *„Klosterstraße"*, die asphaltiert beziehungsweise betoniert ist. Kurz nach dem Ortseingang sehen wir links das alte Pfarrhaus in Fachwerkausführung und rechts die Klosterkirche.

Altfriedland, inselartig zwischen Kloster- und Kietzer See gelegen, feierte 1996 sein 725jähriges Bestehen. So alt ist auch das Kloster, das von den Zisterziensern für Nonnen eingerichtet wurde. Zum reichen Grundbesitz des Klosters gehörten auch Seen, beispielsweise der anliegende Klostersee. Sie wurden schon damals zur Fischzucht und zum Fischfang genutzt.
Von circa 1300 bis 1605 besaß der Ort Stadtrecht. An die Blütezeit von Altfriedland erinnert die Klosterkirche. Von den übrigen Klostergebäuden aus dem 15. Jahrhundert sind nur Reste des Kreuzgangs und des Refektoriums erhalten.
Im Sommer finden in der Klosterkirche Sommerkonzerte statt. Der besondere Reiz von Altfriedland besteht sicher in der Mi-

schung von altehrwürdigen und natürlichen Sehenswürdigkeiten. Dazu kommt die Beschaulichkeit und Ruhe, die der Ort ausstrahlt – sicher auch deshalb, weil er keine Durchgangsstraße hat.

Wir fahren weiter auf der *„Klosterstraße"*, und wo diese Hauptstraße nach rechts abbiegt, fahren wir geradeaus auf eine alte holprige, aber asphaltierte Allee bis zur Bundesstraße (davor Wegsperre). Hier halten wir uns zunächst nach links und biegen kurz darauf von der Bundesstraße nach rechts in Richtung Strausberg ab.

Wer noch **Neuhardenberg** mit seinen Sehenswürdigkeiten besichtigten möchte, fährt hier noch vier Kilometer auf der Bundesstraße weiter.

Aufschlußreich ist der oftmalige Namenswechsel des Dorfes: Bis 1815 hieß es Quilitz, dann wurde es in Neu Hardenberg umbenannt, 1949 erhielt es den Namen Marxwalde und seit 1991 den jetzigen.

Drei Persönlichkeiten sind mit dem Dorf verbunden: Joachim Bernhard von Prittwitz, der Friedrich II. in der Schlacht von Kunersdorf (1759) vor der Gefangennahme rettete und dafür das Gut Quilitz erhielt; der Staatskanzler und Reformer Karl August Fürst von Hardenberg, der das Gut 1814 als Anerkennung für seine Verdienste um die Reformen in Preußen und während der Befreiungskriege bekam; Friedrich Schinkel, nach dessen Vorschlägen und Plänen das Dorf nach einem Brand bis 1803 wiederaufgebaut, die ebenfalls beschädigte Kirche 1814/17 neu errichtet und das ursprünglich barocke Schloß 1820/23 umgebaut und erweitert wurde.

An der Ostseite der Dorfkirche befindet sich das Mausoleum des Fürsten Hardenberg, 1823 ebenfalls nach Plänen von Schinkel erbaut.

Das Schloß wurde seit 1978 umfassend restauriert, und so konnten ab 1988 elf historische Räume mit Einrichtungsgegenständen aus dem ersten Viertel des 19. Jahrhunderts besichtigt werden. Jetzt ist das Schloß allerdings im Besitz einer Bankgesellschaft und (logischerweise?) nicht mehr für die Öffentlichkeit zugänglich.

Zugänglich und sehenswert ist der Landschaftspark, der 1821 nach Plänen von Lenné unter der Mitwirkung des Fürsten Pückler-Muskau gestaltet wurde.

Von Neuhardenberg fahren wir auf der Bundesstraße bis zum Abzweig Strausberg zurück und biegen nun links ab.

Wir erreichen nun den kleinen Ort **Kaulsdorf** und bleiben danach weiter auf der Hauptstraße, die aber zumeist sehr ruhig ist.

Vor **Ringenwalde** geht es, zwar nicht steil, aber immerhin zwei Kilometer stetig auf den Oberbarnim hinauf. Im Ort fällt die frühgotische Feldsteinkirche aus der 2. Hälfte des 13. Jahrhunderts auf, in deren Innern sich ein künstlerisch wertvoller und reich ausgestatteter Altaraufsatz und eine Messingtaufschale aus dem frühen 17. Jahrhundert befindet.

Zwischen Ringenwalde und Reichenberg steigt die Straße weiter an, wenn auch um einiges sanfter.

Immer wieder beeindruckend ist der Kontrast auf engem Raum zwischen der flachen, offenen Weite des Oderbruchs und der hügeligen, manchmal sogar fast bergigen, waldreichen Landschaft des Oberbarnims. Auch die Form und die Gestalt der Dörfer unterscheidet sich doch zum Teil erheblich. Dominieren im Barnim mehr die Rundlinge und Angerdörfer, so gibt es im Oderbruch vor allem Straßendörfer und Streusiedlungen. Natürlich hat auch das vorgefundene natürliche Baumaterial die Dörfer geprägt – so bestimmen im Barnim besonders die Feldsteinbauten das Bild der Dörfer und Städte, im Oderbruch fallen dagegen viele Fachwerkbauten auf. Zu berücksichtigen ist dabei, daß die Zerstörungen durch Kämpfe am Ende des Zweiten Weltkrieges, die in diesen Regionen besonders heftig tobten, und die erhebliche Bautätigkeit danach das Bild der Orte erheblich verändert haben.
Aber gerade diese Unterschiede machen den besonderen Reiz dieses Landstrichs im östlichen Brandenburg für den Tourenradler aus, der die Abwechslung liebt, also weder Lust hat, den ganzen lieben langen Tag ausschließlich in der endlosen Weite eines flachen Landes zu fahren oder sich über 'zig Berge zu quälen. Wobei hier selbstverständlich auch beides möglich ist!

In **Reichenberg**, hier fallen uns die Kirche aus dem 14/15. Jahrhundert und das Herrenhaus (1735, später stark verändert) auf, fahren wir auf der immer noch sehr ruhigen Hauptstraße bis zum Stopschild. Dort geht es dann nach rechts weiter in Richtung

„**Ihlow**". (Die Ausschilderung „**Strausberg**" ignorieren wir dagegen, weil diese Strecke einerseits nicht kürzer und andererseits eher stärker befahren ist.)

Auch durch **Ihlow** fahren wir auf der Hauptstraße in Richtung **Grunow**. Dem Brandenburger Kopfsteinpflaster können wir, genau wie in den anderen Orten, auf den mehr oder weniger besseren Randstreifen oder Wegen ausweichen.

In Ihlow, das am nördlichen Rand des Naturparks Märkische Schweiz liegt, steht eine der ältesten Kirchen des Oberbarnims aus der ersten Hälfte des 13. Jahrhunderts. Aufgrund ihrer günstigen Lage hatte sie auch Schutzfunktion für die Bewohner des Dorfes.
Das Schloß, ein zweigeschossiger Mittelbau aus der ersten Hälfte des 18. Jahrhunderts, war einst eine imposante Anlage, wurde aber nach 1900 stark verändert.

Hinter **Grunow** (spätromanische Kirche, nach 1945 vereinfacht wiederhergestellt) überqueren wir die Verbindungsstraße Müncheberg-Prötzel und fahren über einen etwas kraftraubenden Endmoränenzug nach **Klosterdorf** (Feldsteinkirche, erste Hälfte des 13. Jahrhunderts).

Hier bleiben wir ebenfalls auf der Hauptstraße. Hinter dem Ort sehen wir ein großes Reiter-Zentrum und stoßen dann auf die Straße Strausberg-Prötzel, auf der wir nach links fahrend bald den Bahnhof Strausberg-Nord erreichen. (Achtung: Weil der Bahnhof sehr unscheinbar ist, kann man leicht an ihm vorbeifahren. Auch dem Autor ist dies schon passiert …)

Muschelkalk und Technik:

Start und Ziel: S-Bahnhof Berlin-Friedrichshagen
Streckenlänge: 31 km (ohne Abstecher zum Aussichtsturm Kranichsberge)
Wegbeschaffenheit: Überwiegend mit Asphalt, Beton oder Verbundpflaster befestigte Straßen und Wege, wenig Kopfsteinpflaster
Sehenswertes (Auswahl): Aussichtsturm Kranichsberge, Museumspark Rüdersdorf, Heimatmuseum und Schloßkirche Schöneiche
Einkehrmöglichkeiten (Auswahl): Woltersdorf, Rüdersdorf, Schöneiche
Baden: Kalksee (zwischen Woltersdorf und Rüdersdorf)

Eine kleine Tour für den Samstag- oder Sonntagnachmittag – ein relativ kurzer Anfahrtsweg, nicht allzuviel Kilometer, kaum unbefestigte Wege (man macht sich also nicht schmutzig), sichere Radwege und, das wichtigste, der wirklich sehenswerte und erlebnis-

Museumspark Rüdersdorf

reiche Museumspark der Baustoffindustrie Rüdersdorf machen diese Tour geeignet für einen kurzen Ausflug. Es ist sicherlich auch ein Tip für einen Schulwandertag, denn man kann hier körperliche Betätigung (ohne jemanden zu überanstrengen) ausgezeichnet mit einem „Bildungsauftrag" verknüpfen.

★

Vom Bahnhof schieben wir unser Rad zunächst ein Stück nach rechts, überqueren die Ampel nach links und fahren dann auf der Straße entlang der S- und Straßenbahn weiter auf dem *„Fürstenwalder Damm"*. Zuerst müssen wir die Straße benutzen, können aber bald auf dem Radweg rechts der Straßenbahn radeln.

Dort, wo die Straße nach rechts in den Wald schwenkt, zweigt links ein Asphaltweg ab, der uns über Schienen hinweg parallel zur S-Bahn führt. Hier können wir nun sehr schön und ruhig bis zum Bahnhof Rahnsdorf fahren. Dort biegen wir nach links auf die

Straße ab und folgen der Straße unter der Brücke hindurch bis zum Übergang über die Straßenbahnschienen. Jetzt radeln wir auf dem Weg entlang der Schienen (aufpassen auf Straßenbahn).

Wenn wir den Wald verlassen, haben wir den Ortsteil **Schönblick** von Woltersdorf und damit das Land Brandenburg erreicht. Es folgt nun eine Verbundpflasterstraße mit genauso gutem Radweg. Wir radeln also weiter entlang der Straßenbahn.

Bei der Kirche benutzen wir den Weg links entlang, rollen zunächst bergab bis zur Ampelkreuzung und dann weiter geradeaus entlang der Schienen bis zur Schleuse. (Dem nicht besonders schönem Pflaster können wir zum Teil auf dem Weg entgehen).

Wir erreichen nun die schön gelegene **Woltersdorfer Schleuse**.

Mit dem Abbau der Rüdersdorfer Kalksteine wurde bald die Schiffahrt aufgenommen. Schon um 1500 gab es hier eine Schleuse. Die jetzige stammt aus dem Jahre 1860.
Woltersdorf hätte sich beinahe zum „Hollywood“ Deutschlands entwickelt. An den Ufern des Kalksees in Richtung Rüdersdorf entstand eine große unvollendete Filmstadt. Unter anderem wurden hier die Filme „Das indische Grabmal“ und „Herrin der Welt“ gedreht.

Wer einen in mehrerlei Hinsicht interessanten Abstecher zum Aussichtsturm auf den Kranichsbergen machen möchte, fährt hinter der Schleuse geradeaus und kurz darauf den nächsten Weg nach links. Die Auffahrt ist ziemlich beschwerlich (steil, Sand), man wird aber durch den sehr schönen Ausblick über die wald- und seenreiche Umgebung und durch eine kleine Ausstellung zur Geschichte der „Filmstadt“ und den hier entstandenen Filmen entschädigt.

Nach der Schleuse biegen wir nach links auf die Betonstraße ab und kommen an der Liebesquelle vorbei, die mit einer Art Eisenkäfig eingefaßt ist. (Ob sie nun wirklich Wunder in einer bestimmten Richtung bewirkt, vermag der Autor nicht zu sagen. Wenn man hier allerdings Leute mit Wasserkanistern sieht, wird man zumindest nachdenklich.)

Auf der relativ ruhigen Straße mit einem netten Anstieg fahren wir am ausgedehnten Komplex des evangelischen Krankenhauses Rüdersdorf vorbei, unterqueren die Autobahn und erreichen dann eine Ampelkreuzung. Wie biegen hier nach links auf die Straße entlang der Straßenbahnlinie Friedrichshagen – Rüdersdorf ab und rollen bergab in das (neue) Zentrum des Ortes. Hier steht eine stattliche neogotische Kirche mit Kalksteinsteinverblendung aus dem Jahre 1871.

Wir fahren weiter bis zur *„Heinitzstraße"* und biegen dort entsprechend dem Schild *„Museumspark"* nach rechts ab.

Der **Museumspark der Baustoffindustrie in Rüdersdorf** ist ein einzigartiges Ensemble von Produktions- und Verwaltungsbauten, das zu den bedeutendsten Industriedenkmälern Deutschlands zählt.
Schon seit dem 13. Jahrhundert erfolgte in Rüdersdorf der Abbau des Kalksteins.
Mit dem Aufschwung des Baugewerbes in Berlin erlebte die Kalkverarbeitung in Rüdersdorf Ende des 18. Jahrhunderts eine stürmische Entwicklung. Hier wurden Kalkstein, Branntkalk und Zement für viele bekannte Bauten produziert, so für das Schloß Sanssouci, das Berliner Schloß und das Brandenburger Tor.
Um den Transport zu vereinfachen, wurde um 1800 ein Kanalsystem angelegt, das die Steinbrüche mit den natürlichen Wasserstraßen verband. An diese Kanäle erinnern noch heute die Eingangsportale der tunnelartigen Kanalunterführungen, die nach Entwürfen unter anderem von Karl Friedrich Schinkel und Johann Gottlieb Schlätzer gebaut wurden. Von letzterem ist das besonders gut erhaltene Bühlow-Portal von 1816 im Stil der französischen Revolutionsarchitektur. Ebenfalls im guten Zustand sind die beiden Rumfordöfen von 1804 und 1806, die die industrielle Revolution des Kalkbrennens zu Beginn des 18. Jahrhunderts verkörpern.
Im Magazingebäude (nach Plänen von Schinkel 1830 umgebaut) mit dem Uhrenturm befindet sich die Ausstellung des Museumsparks.
Besonders beeindruckend ist der Kalksteinbruch, der mit einer Länge von vier und einer Breite von zwei Kilometern der größte geologische Aufschluß Norddeutschlands ist. Es handelt sich dabei um ein Muschelkalkvorkommen aus dem Erdmittelalter. Der Muschelkalk enthält zahlreiche Fossilien und Mineralien, sogar Versteinerungen von Saurierknochen mit einem

Alter von circa 240 Millionen Jahren. (Der bekannteste Fund ist das vollständig erhaltene Skelett eines Nothosaurus, das im Naturkundemusum in Berlin zu sehen ist.) Daher bietet der Museumspark neben historischen auch geologische Führungen an, bei denen interessierte Besucher Fossilien sammeln können. (*Öffnungszeiten*: täglich 10–18 Uhr. *Historische Führungen:* Wochenende und Feiertage: 11 und 14 Uhr, sowie nach Bedarf. *Geologische Führungen* April-Oktober: Wochenende, Feiertage: 10 Uhr, sowie nach Bedarf. Tel. 033638–76513.)
Die Entwicklung des Ortes Rüdersdorf selbst ist eng mit der Kalksteinverarbeitung verknüpft. Während der älteste Teil der Gemeinde, das ursprüngliche Rüdersdorf an der Endhaltestelle der Straßenbahn, schon seit dem 13. Jahrhundert existiert, wurde Kalkberge, in dem wir uns jetzt befinden, Anfang des 19. Jahrhunderts erbaut. Seit 1934 sind die Ortsteile Rüdersdorf, Kalkberge und Tasdorf zusammengeschlossen.

Auf der Straße durch den Museumspark radeln wir weiter in der zuvor eingeschlagenen Richtung durch das Tor, überqueren die Brücke (links) über den Langerhanskanal und folgen dann der Hauptstraße nach links *(„Maienbergstraße“)*. An der T-Kreuzung biegen wir nach links ab und an der nächsten Kreuzung nach rechts **(„Schöneiche“)**. Zunächst gibt nun es einen Radweg links

Im ehemaligen Kalkbergwerk Rüdersdorf

der Straße, auf dem wir auch unter dem beeindruckenden Autobahnviadukt hindurchfahren), dann müssen wir ein kurzes Stück auf der nicht allzu belebten Straße radeln, und schließlich gibt es bis Schöneiche einen Radweg rechts. Hier radeln wir weiter entlang der Hauptstraße und der Straßenbahn.

In **Schöneiche** empfiehlt sich unbedingt ein Abstecher zum unter Denkmalsschutz stehenden Dorfanger – *Dorfaue* – des Ortsteils Kleinschönebeck. Wir kommen dorthin, wenn wir die Hauptstraße („Schöneicher Straße") dort geradeaus verlassen, wo sie leicht nach links wegknickt. Auf dem asphaltierten „*Stegeweg*" gelangen wir, vorbei an der spätmittelalterlichen Feldstein-Kirche aus dem 15./16 Jahrhundert, direkt zum Heimatmuseum am mit vielen alten Bäumen bewachsenen Anger.

Das Doppelstubenhaus in Fachwerkbauweise wurde 1753 erbaut und von 1981 bis 1984 restauriert. Es beherbergt Ausstellungen zum Leben eines Vollbauern vor 250 Jahren und zur Geschichte von Kleinschönebeck. Interessant ist auch die „Schwarze Küche", eine Herdstelle mit offenem Kamin. (*Öffnungszeiten:* März bis November 9–12 und 14–17 Uhr, außer Montag/Freitag, Wochenende ab 10 Uhr)
Auf der „*Dorfaue*" können wir unmittelbar zur „*Schöneicher Straße*" und dort weiter nach rechts fahren.

An der Kreuzung, wo die Hauptstraße und die Straßenbahn im rechten Winkel in Richtung **Köpenick** nach links abbiegen, sehen wir rechts die schöne (ehemalige) Schloßkirche.

Der ursprünglich frühgotische Granitquaderbau wurde 1725 als barocker Putzbau erneuert und wird jetzt als Konzerthalle genutzt. Interessant sind im Inneren vor allem drei figürliche Spätrenaissance-Epitaphe (16./17. Jahrhundert) für Mitglieder der Familie von Krummensee und ein marmornes Grabmal (1797) für den Hofbankier Schütze von Johann Gottfried Schadow.

Wir folgen der Hauptstraße mit der Ausschilderung Köpenick. Ab hier beginnt wieder ein Radweg (Verbundpflaster/Asphalt) entlang der Straße, auf dem wir sehr gut die restlichen sechs Kilometer bis zum Bahnhof Friedrichshagen fahren können.

Ein Stück deutsche Geschichte: Gedenkstätte „Seelower Höhen"

Start und Ziel: Bahnhof Fürstenwalde
Streckenlänge: 77 km
Abkürzungen: Zurück mit der Bahn ab Gusow (von Seelow über die B 167 zu erreichen)
Wegbeschaffenheit: Überwiegend mit Asphalt, Beton oder Betonplatten befestigte Straßen oder Wege, wenig Kopfsteinpflaster. Die Fahrwegpassage zwischen Neuentempel und Heinersdorf läßt sich durch eine Streckenänderung umgehen: ab Diedersdorf weiter auf der Bundesstraße (7 km) und dann in Jahnsfelde nach Behlendorf/Heinersdorf links abbiegen.
Sehenswertes (Auswahl): Komturei Lietzen Nord, Gedenkstätte/Museum „Seelower Höhen", Schloßanlage Steinhöfel
Einkehrmöglichkeiten (Auswahl): Falkenhagen, Lietzen, Seelow, Marxdorf, Heinersdorf
Baden: In den Seen bei Falkenhagen, Heinersdorfer Seen

Dies ist gewissermaßen eine Tour zu zwei Marksteinen in der Geschichte des Landes zwischen Schorfheide und Scharmützelsee: Zum einen die Gründung vieler Siedlungen und Städte sowie die Landkultivierung im Spannungsfeld der deutschen Ostexpansion und des Machtkampfes unterschiedlicher Feudalgewalten, vor allem Askanier, Piasten, Pommern und Wettiner, im 13. Jahrhundert; zum anderen das endgültige Scheitern eines weiteren, allerdings viel brutaleren Versuchs der Vergrößerung Deutschlands in der Mitte dieses Jahrhunderts.

Auf unserer Fahrt werden wir vielen Zeugnissen dieser Zeiten und ihren Wirkungen begegnen. Am markantesten sind aber die ehemalige Komturei Lietzen und die Gedenkstätte „Seelower Höhen". Diese dokumentiert den Beginn der Endphase des von Deutschland begonnenen Zweiten Weltkrieges, der so einschneidende Veränderungen auch in dieser Region nach sich zog.

Jedoch bietet die Tour auf der Lebuser Hochfläche ebenso interessante Naturentdeckungen. Dazu gehören die herrlichen Ausblicke von den Seelower Höhen auf das Oderbruch.

Auf dem Bahnhofsvorplatz fahren wir zunächst nach rechts und dahinter die *„Friedrich-Engels-Straße"* nach links weiter. Auf dieser radeln wir bis zu einem Sackgassenschild. Hier biegen wir nach rechts ab und an der nächsten Kreuzung nach links auf die *„Wilhelm-Külz-Straße"*. Dort ordnen wir uns vor der Ampel in die Geradeaus-Spur in Richtung **„Biesen/Berkenbrück"** ein und fahren auf der *„Frankfurter Straße"* später über eine weitere Ampelkreuzung hinweg.

Kurz bevor der Belag der Straße von Asphalt zu Beton wechselt, biegen wir nach rechts ab in die *„Turmstraße"*. An der T-Kreuzung am Wasserturm, den wir schon am Abzweig davor gesehen haben, radeln wir nach links weiter, erreichen bald den Ortsausgang und überqueren die Bahnstrecke Fürstenwalde-Beeskow. Dahinter beginnt auf der linken Seite ein Verbundpflaster-Radweg.

Wir kommen nach kurzer Zeit an ehemaligen sowjetischen/russischen Kasernen vorbei, für Fürstenwalde sozusagen normal, denn in welche Richtung man auch fährt, ehemals militärisch genutzte Gebäude und Gelände gibt es praktisch überall.

Dahinter ist der Radweg zwar nur noch mit Kies befestigt, aber dennoch gut befahrbar. Jedoch ist die Straße so ruhig, daß man nahezu ungestört auch auf ihr fahren kann.

Am Ortseingang in **Berkenbrück** folgen wir nicht der Hauptstraße, sondern radeln geradeaus auf der *„Wilhelm-Pieck-Straße"*, auf der wir nach einiger Zeit wieder die Hauptstraße erreichen. Von dort fahren wir nach links und weiter über den Bahnübergang beim Bahnhof.

Auf der Straße nach Falkenberg biegen wir nicht von der Hauptstraße ab, folgen also an einer Gabelung der Ausschilderung **„Frankfurt/Briesen"**.

In **Falkenberg** fahren wir an der Kreuzung, an der die Hauptstraße nach rechts abbiegt, die *„Dorfstraße"* weiter geradeaus und an der spätgotischen Feldsteinkirche vorbei.

Wir kommen nun auf die Lebuser Hochfläche, eine hügelige Grundmoränenlandschaft mit tiefeingeschnittenen Rinnen, in denen sich langgestreckte Seen gebildet haben, und Endmoränenüberlagerungen der Frankfurter Eisrandlage. Dies und der steile Abfall zum Oderbruch machen den besonderen Reiz dieses Landstrichs aus.

Auf dem schmalen Asphaltband gelangen wir (ohne abzubiegen) nach **Wilmersdorf**. Dort radeln wir weiter geradeaus und

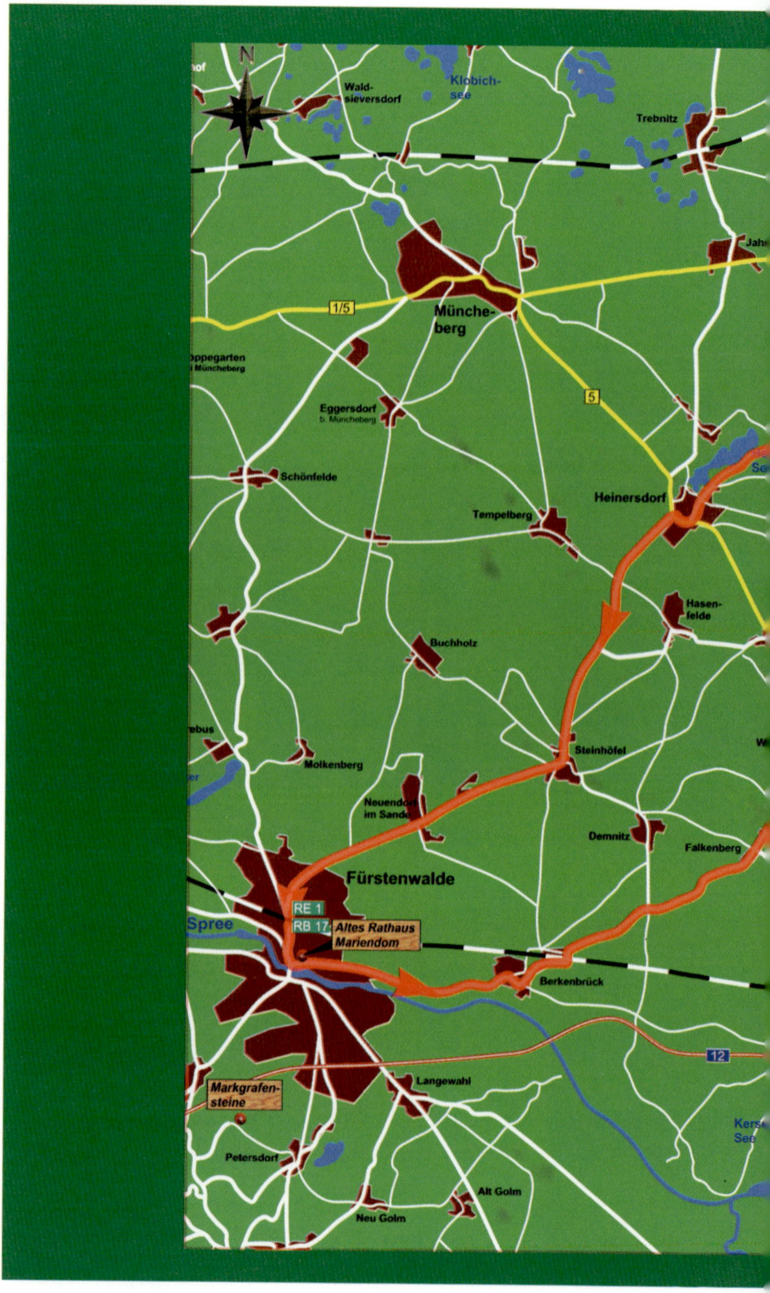
N
Wald-
sieversdorf
Klobich-
see
Trebnitz
1/5
Münche-
berg
5
Eggersdorf
b. Müncheberg
Schönfelde
Heinersdorf
Tempelberg
Hasen-
felde
Buchholz
Steinhöfel
Molkenberg
Demnitz
Falkenberg
Fürstenwalde
RE 1
Spree
Altes Rathaus
Mariendom
Berkenbrück
12
Langewahl
Markgrafen-
steine
Petersdorf
Alt Golm
Neu Golm

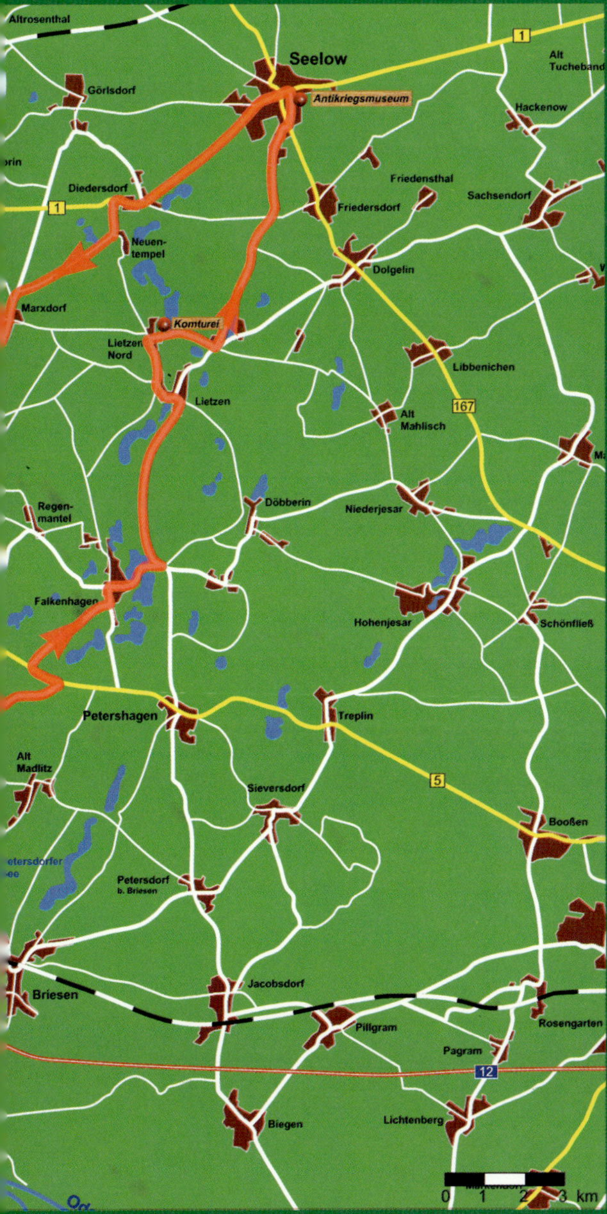
Altrosenthal
Seelow
Antikriegsmuseum
Alt Tucheband
Görlsdorf
Hackenow
Friedensthal
Diedersdorf
Sachsendorf
Friedersdorf
1
Neuen-tempel
Dolgelin
Marxdorf
Komturei
Lietzen Nord
Libbenichen
Lietzen
167
Alt Mahlisch
Döbberin
Niederjesar
Regen-mantel
Falkenhagen
Hohenjesar
Schönfließ
Petershagen
Treplin
Alt Madlitz
5
Sieversdorf
Booßen
Petersdorf b. Briesen
Briesen
Jacobsdorf
Pillgram
Rosengarten
Pagram
12
Biegen
Lichtenberg
0 1 2 3 km

kommen dann nach einiger Zeit in **Georgenthal** auf die B 5. Auf diese biegen wir nach links ab, durchqueren den Ort, der in einer Senke liegt. Nachdem wir den größten Teil des Anstieges aus dem Ort bewältigt haben, sehen wir rechts einen Abzweig, eine Betonplattenstraße mit einem Verbotsschild „7,5 t". Dieser folgen wir nun bis Falkenhagen und haben dabei rechts immer wieder schöne Ausblicke auf eine eiszeitliche Schmelzwasserrinne mit mehreren Seen.

Vor Falkenhagen grüßt uns schon die mächtige Feldsteinkirche, die wir im Ort nach dem Linksabbiegen auf eine Kopfsteinpflasterstraße erreichen.

Die 45 Meter lange Kirche erinnert daran, daß **Falkenhagen**, an einem ehemals wichtigen Paß zwischen Fürstenwalde und Lebus gelegen, im Mittelalter wesentlich größere Bedeutung hatte. Schon 1313 wurde hier eine Burg erwähnt. Von 1321 bis 1752 besaß Falkenhagen sogar Stadtrecht.
Die Kirche wurde in der 2. Hälfte des 13. Jahrhunderts als dreischiffige Basilika erbaut. 1801 mußten die Seitenschiffe wegen Baufälligkeit abgetragen werden. Auffällig ist der 22 Meter breite Ansatz für den Westturm. Im Inneren befindet sich unter anderem eine achteckige Kanzel auf einer gedrehten Säule vom Anfang des 18. Jahrhunderts.

Weiter geht es dann auf der nach rechts abbiegenden und nun asphaltierten Hauptstraße (ab hier *„Ernst-Thälmann-Straße"*).

Hier erwartet uns eine echte Überraschung: Zwischen zwei Seen steht hier ein Haus im typischem Schweizer Stil. 1902 erbaut, ist das Schweizerhaus heute Bildungsstätte und Pension eines gemeinnützigen Vereins.

Wir fahren auf der Straße bis zur Kreuzung mit der Landstraße Seelow – Petersdorf und hier entsprechend der Ausschilderung **„Seelow/Lietzen"** nach links. In **Lietzen**, ebenfalls sehr schön zwischen zwei Rinnenseen gelegen, verlassen wir die Hauptstraße dort geradeaus, wo sie nach rechts abbiegt. Auf der *„Bahnhofstraße"*, die an die stillgelegte Oderbruchbahn (siehe Tour 17, S. 167f) erinnert, radeln wir bis zu einer Kreuzung kurz vor dem Ortsausgang. (Geradeaus führt hier ein Fahrweg weiter nach Marxdorf, zu dem wir auf der Rückfahrt von Seelow kommen.)

Hier biegen wir nach rechts ab, bleiben damit aber immer noch auf der Bahnhofstraße. In Lietzen Nord stoßen wir auf eine T-Kreuzung und fahren nach rechts in Richtung **„Seelow"** weiter. Kurz darauf sehen wir schon links die Mauer der alten Komturei, deren Gelände wir durch die gleich folgende Einfahrt erreichen.

Hier erwartet uns eine etwas wunderliche Mischung zwischen noch genutzten, historischen und weiter zerfallenden Gebäuden. Dennoch ist der still gelegene Komplex unbedingt einen Besuch wert.
Ab 1230 befand sich hier eine **Komturei** (Verwaltung für Ordensgüter) des **Ritterordens der Templer**. Der Orden war nach dem ersten Kreuzzug 1119 in Jerusalem gegründet worden und gelangte schnell zu großem Reichtum. Der Papst löste 1312 auf Druck des französischen Königs den Orden auf, die Komturei übernahm 1318 der Johanniterorden. Nach der Säkularisation 1814 ging das Anwesen mit den Dörfern Lietzen, Dolgelin, Quilitz und Neuentempel an den Staatskanzler von Hardenberg über. Diese Dörfer blieben bis 1945 im Besitz derer von Hardenberg.
Teile der Mauern aus den Anfangsjahren der Komturei sind bis heute erhalten. Die Kirche wurde Mitte des 13. Jahrhunderts aus behauenen Granitsteinen errichtet, im 15. Jahrhundert um

den Chor erweitert und 1727 mit einem Fachwerkturm versehen. Im Inneren der Kirche befinden sich dreijochige Sterngewölbe, ein mit Schnitzwerk versehener Kanzelaltar und ein schwebender Engel aus der Zeit um 1830 sowie das prächtige Epitaph des Feldmarschalls G. von Derfflinger (gestorben 1695) aus der Kirche von Gusow (siehe Tour 9, S. 100).
Das ehemalige Komtureigebäude und spätere Herrenhaus wurde Ende des 17. Jahrhunderts unter Verwendung älterer Mauerteile errichtet. Im Innern sind in nahezu allen Räumen schöne Stuckdecken der Erbauungszeit mit Deckengemälden erhalten. Der alte Speicher aus Feldsteinen wurde vermutlich im 14. Jahrhundert erbaut. Er ist mit seinen spitzbogigen Zwillingsfenstern und dem Rundbogenportal eine architektonisch-historische Rarität in Brandenburg.

Aus der Komturei fahren wir nach links und von dort weiter bis zur Landstraße Seelow – Petershagen. Bis dahin fällt uns wieder die reizvolle hügelige Landschaft mit den vielen Seen auf.

Ab der Kreuzung gibt es nun *zwei Varianten* nach Seelow:

Die „Kunstbanausen“, die lieber eine etwas gemütlichere Fahrt für ein Kunsterlebnis eintauschen wollen, fahren hier links direkt nach Seelow.

Die zweite Variante nimmt den Kunstspeicher (von April bis Oktober Ausstellungen und kulturelle Veranstaltungen) und die Kirche in Friedersdorf (im Kern mittelalterlicher Feldsteinbau, jüngst restauriert) mit, hat aber den kleinen Haken einer zusätzlichen Bundesstraßenfahrt. Hierbei folgen wir der Ausschilderung in Richtung Dolgelin links-geradeaus, erreichen dann im Ort die Bundesstraße und radeln hier nach links über Friedersdorf nach Seelow.

In **Seelow** geht es dann wieder gemeinsam weiter. Diejenigen, die direkt hierhergefahren sind, überqueren die Bundesstraße an der Kreuzung fast geradeaus. Und wer auf dieser schon war, biegt dort nach rechts ab, wo die Straße von Falkenhagen/Lietzen links einmündet. Gekennzeichnet ist die nun folgende *„Slubicer Straße“* mit dem Hinweis „Stadtinformation“. Auf dieser radeln wir zunächst bis zu ihrem Ende weiter und biegen dann nach links in die *„Bertolt-Brecht-Straße“* ab (hier steht auch eine gleichnamige Gesamtschule). Vor dem Abbiegen konnten wir schon einen ersten Blick in das Oderbruch erhaschen.

Wenn die Hauptstraße nach links abbiegt, fahren wir nun nach rechts in die *„Straße der Jugend"*. An der Straßengabelung vor dem Funkturm halten wir uns jetzt links. Hier ist auch die bekannte Motorrad- und Autocrosstrecke zu sehen. Wir fahren nun am Rande der Seelower Höhen praktisch auf einer Panoramastraße zum weit überschaubaren Oderbruch.

Nach kurzer Zeit stoßen wir dann auf die B1 *(„Küstriner Straße")* und rollen auf dieser nach rechts bergab. Noch bevor wir den Boden des Bruchs erreichen, erreichen wir die Gedenkstätte „Seelower Höhen".

Seelow ist vor allem durch die **Schlacht um die Seelower Höhen** bekannt geworden. Im Morgengrauen des 16. April 1945 begann der Angriff der 1. Belorussischen Front unter Marschall Shukow auf die 9. Armee unter General Busse, die sich schon seit dem 31. Januar im Oderbruch gegenüber standen. Am 19. April war die blutigste Schlacht in der Mark beendet, die 33000 sowjetischen, 12000 deutschen und 5000 polnischen Soldaten das Leben kostete, der Weg für die Rote Armee nach Berlin war frei und der Zweite Weltkrieg endgültig entschieden.

Am Ostrand der Stadt wurde ein sowjetischer Soldatenfriedhof errichtet, der noch im November 1945 mit einem monumentalen Denkmal versehen wurde. Die Anlage wurde 1972 durch ein Museum erweitert, in dem unter anderem sowjetische Kriegstechnik aus dem Zweiten Weltkrieg zu sehen ist.

Heute ist das Antikriegsmuseum Gedenkstätte/Museum „Seelower Höhen" sowohl ein auf deutschem Boden selten zu findendes Ensemble, das Zeugnis für die schweren Kämpfe in der Endphase des Zweiten Weltkrieges gibt, als auch mahnende Erinnerungsstätte für die Leiden der Menschen in Uniform und Zivil. Gezeigt werden Dokumente zur Vorbereitung und zum Ablauf der Kampfhandlungen, Ausrüstungsgegenstände und Briefe von Angehörigen gefallener Soldaten.

(*Öffnungszeiten* des Museums: Dienstag-Sonntag 9–16.30 Uhr)

In den Außenanlagen hat man vom Aussichtspunkt mit einer steinernen Reliefkarte einen herrlichen Ausblick über das Oderbruch und auf die Kante der Seelower Höhen.

Seelow ist mit 5500 Einwohnern die drittkleinste Kreisstadt der Bundesrepublik. Der Landkreis Märkisch-Oderland reicht im

Westen bis an Berlin heran und schließt große Teile des früheren Lebuser Landes mit ein (hierzu siehe Tour 19).
Seelow wurde erstmals 1252 als Dorf „Zelou" und 1273 als Stadt urkundlich erwähnt. Im Dreißigjährigen Krieg wurde die Stadt zum größten Teil niedergebrannt. Die schweren Kämpfe im Zweiten Weltkrieg führten zu erheblichen Zerstörungen, so daß von der alten Bausubstanz nicht mehr viel erhalten blieb. Interessant ist vor allem die von Schinkel maßgeblich beeinflußte Kirche, die 1830/31 erbaut wurde. Der Turm wurde von den deutschen Truppen gesprengt, was zudem das Kirchenschiff schwer beschädigte. Beim Wiederaufbau 1956 wurde allerdings auf den Kirchturm und die Emporen verzichtet.
Sehenswert ist auch das Rathaus von 1847 und einige Bauten aus den 50er Jahren dieses Jahrhunderts, die einen Eindruck von der Architektur eines Agrarzentrums dieser Zeit vermitteln.

Vom Museum fahren wir auf der B 1 bergauf in die Stadt und überqueren an der Ampelkreuzung die B 167 in Richtung Berlin. Kurze Zeit später wechseln wir vor einem Einkaufszentrum auf den Radweg an der linken Seite (der rechte endet bald). Auf diesem radeln wir nun parallel zur B 1 und wesentlich ruhiger bis zur **Waldsiedlung Diedersdorf**. Hier müssen wir allerdings wieder zurück auf die Bundesstraße und noch zwei Kilometer verbleiben. Erst in **Diedersdorf** beginnt wieder ein Radweg. (Interessant ist hier das Gutshaus, das Mitte des 18. Jahrhunderts erbaut und um 1800 klassizistisch verändert wurde.)

Dort biegen wir aber auch nach links in Richtung Neuentempel ab. In **Neuentempel** folgen wir dem Abzweig „Hedwigshof" nach rechts.

Nun radeln wir zunächst auf Asphalt und dann weiter geradeaus auf einem Fahrweg bis nach Marxdorf. Wenn wir hier auf die Asphaltstraße stoßen, fahren wir weiter nach links und längs durch den Ort.

In **Marxdorf**, das schon 1805 so hieß, also nicht nach dem deutschen Philosophen benannt ist und demzufolge nach der Wende nicht umbenannt werden mußte, fallen uns ein modernes Reitsportzentrum und die große Feldsteinkirche aus dem 13. Jahrhundert auf, die erst nach 1850 einen neugotischen Turmaufsatz aus Backstein erhielt.

Am Ortsausgang in Richtung Heinersdorf beginnt dann ein Fahrweg, der uns durch ein hügeliges Waldgebiet an den Heinersdorfer Seen entlangführt und rund zwei Kilometer vor dem Ort als Kopfsteinpflasterstraße mit Randstreifen fortgeführt wird.

In **Heinersdorf** fahren wir an einem Ehrenmal für gefallene sowjetische Soldaten vorbei, was uns erneut an die Schrecken des Zweiten Weltkrieges erinnert.

Das in einem traurigen Zustand befindliche Herrenhaus im Dorf ist ein zweigeschossiger Barockbau vom Ende des 17. Jahrhunderts, die Kirche ein spätromanischer Feldsteinbau (um 1240), dessen rotes Ziegeldach das Dorfbild dominiert.
Außerdem bietet sich in Heinersdorf ein Abstecher zum Ortsteil Behlendorf an. Hier steht, erbaut 1802 nach Plänen von Schinkel, eine Gutsanlage, die zu den schönsten der Mark Brandenburg gehört. Um einen achteckigen Hof gruppieren sich die aus Raseneisenstein errichteten Wohn- und Wirtschaftsgebäude. Wir gelangen dorthin, wenn wir zunächst der weiteren Beschreibung folgen, aber von der B 5 nicht nach Steinhöfel abbiegen, sondern später nach rechts. Von Behlendorf fahren wir zurück auf die Bundesstraße, dort nach links bis zum Abzweig **„Steinhöfel“**.

Auf der mittlerweile besseren Straße erreichen wir die Kreuzung mit der B 5. Hier biegen wir zunächst nach rechts und am Ortsrand nach links ab und fahren weiter auf der leider etwas belebteren Straße in Richtung **„Steinhöfel/Fürstenwalde“** (immer Hauptstraße).

In Steinhöfel könnten wir noch dem Schloß einen Besuch abstatten (siehe Tour 19).

Wenn wir in Fürstenwalde am neuen Einkaufszentrum vorbeigekommen sind, gabelt sich die Straße vor einer Tankstelle. Wir biegen hier nach links ab in die *„Karl-Liebknecht-Straße“*, fahren bis zur Kreuzung *„Ernst-Thälmann-Straße“* und auf dieser nach links bis zum Bahnübergang am Bahnhof und sind damit wieder an unserem Ausgangspunkt angekommen.

Exkurs: Baumaterial Feldstein

Die Schorfheide, der Barnim, die Märkische Schweiz und die weitere Umgebung von Fürstenwalde zählen zu den »steinreichen« Gebieten Brandenburgs. Insbesondere die Gletscher der Weichsel-Eiszeit brachten unzählige Gesteine – Riesenfindlinge, wie die Markgrafensteine, Gesteinsblöcke und Feldsteine – aus dem Norden Europas hierher und lagerten diese in den End- und Grundmoränen ab.

Feldsteine wurden und werden zumeist beim Pflügen der Felder gefunden – daher der Name. Man spricht auch davon, daß die Steine auf den Feldern »wachsen«. Die Verwendung der Feldsteine als Baumaterial begann vor allem im Mittelalter und hielt bis zum Ende des vergangenen Jahrhunderts an. Heute sind sie zwar seltener geworden, dennoch gehört es immer noch zur Feldarbeit, die Steine von den Äckern zu sammeln und an den Rändern zu Lesesteinhaufen aufzutürmen. Diese sind durch das Brandenburger Naturschutzgesetz geschützt.

Feldsteine unterschiedlichen Materials, wie Granit, Gneis, Porphyr und Dolerit, und Farbe waren ein begehrter, weil preiswerter und sehr haltbarer Baustoff. Sie wurden – behauen, gespalten, kunstvoll verzwickelt und oft in Verbindung mit Backstein – für Fundamente und Gemäuer von Kirchen, Klöstern, Stadtbefestigungen, Bauernhäusern und Wirtschaftsgebäuden und für Mauern verwendet. Aber auch zahlreiche Straßen, häufig gesäumt von wilden Obstbäumen, wurden mit Feldsteinpflaster befestigt (was heute für den Radler nicht unbedingt erfreulich ist).

Auf diese Weise entstand eine Feldsteinarchitektur, die ihren besonderen Reiz aus der natürlichen, herben Schönheit und der zweckmäßigen Angepaßtheit an die Landschaft bezieht. In vielen Dörfern und einigen Städten kann man sehr gut erhaltene Feldsteinbauten sehen, jedoch leider auch verfallene.

Die Rekonstruktion ist allerdings kostspielig, und die Kunst der Feldsteinmauerei ist mit den Jahren verlorengegangen. Erst langsam wird diese Technik durch Enthusiasten wiederbelebt, werden neue Fachkräfte ausgebildet. Damit ist der Grundstein dafür gelegt, daß die Feldsteinbauten auch in Zukunft das Bild (Ost-)Brandenburgs unverwechselbar prägen.

Weitergehende Informationen zu diesem Thema kann man bei der entec – Zentrum für regionale Ökonomie, Ökologie und Bildung gGmbH erhalten (Adresse siehe Anhang).

Auch der Turm des Berliner Tores in Altlandsberg gehört zu den zahlreichen aus Feldstein errichteten Bauwerken in Brandenburg

Von Bischofssitz zu Bischofssitz

Start und Ziel: Bahnhof Fürstenwalde
Streckenlänge: 96 km
Abkürzungen: Von Falkenhagen direkt auf (schlechtem) Fahrweg nach Döbberin.
Von Mallnow direkt zurück (ohne Lebus). Mit der Bahn zurück von Frankfurt (von Seelow auf der B 112) oder Biesen.
Wegbeschaffenheit: Zum überwiegenden Teil asphaltierte oder betonierte Straßen, wenige Kopfsteinpflasterabschnitte. 5 km Fahrwege.
Sehenswertes (Auswahl): Schloßanlage Steinhöfel, Pontische Hänge bei Mallnow, Burgberg Lebus
Einkehrmöglichkeiten (Auswahl): Arensdorf, Falkenhagen, Mallnow, Lebus, Alt Zeschdorf, Biesen
Übernachtung (Auswahl): Lebus (u. a. Herberge)
Baden: Seen bei Falkenhagen und Alt Zeschdorf

Auf dieser Tour begegnen wir der über 470 Jahre währenden Geschichte des Bistums Lebus. Schon im 12. Jahrhundert wurde Lebus, das einstige Zentrum des Landes Lebus, Bischofsstadt. 1385 ging der Bischofssitz nach Fürstenwalde, wo er bis zur Auflösung des Bistums Ende des 16. Jahrhunderts verblieb.

Überhaupt ist dies eine Tour zum Thema „Werden und Vergehen“: von Städten, von Bauwerken verschiedener Art und in der Natur.

Und für das Sterben und Wiedererwachen letzterer ist ja Adonis das Sinnbild. Ein Meer der nach ihm benannten seltenen Pflanzen können wir entdecken, wenn wir diese Strecke im Frühjahr radeln.

★

Vom Bahnhofsvorplatz fahren wir nach links zum Bahnübergang, überqueren diesen und halten uns an der nächsten Straßengabelung rechts *(„Ernst-Thälmann-Straße“)*. Ab hier können wir gut befahrbare Radwege benutzen, die uns bis kurz vor den Ortsausgang bringen. Wir erreichen dann eine Kreuzung mit dem Hinweis **„Krankenhaus“**. Dem folgen wir nach rechts *(„Karl-Liebknecht-Straße“)* und halten uns dann geradeaus, bis wir an eine Hauptstraße gelangen *(„Triftstraße“)*, auf der wir nach rechts zum Ortsausgang kommen. Auf der etwas belebten Straße fahren wir nun sieben Kilometer bis nach **Steinhöfel**.

An der Kirche lohnt sich unbedingt ein kleiner Abstecher zum Schloß. Wir verlassen die Hauptstraße geradeaus in Richtung **„Demnitz"** und fahren auf der *„Demnitzer Straße"* bis zum *„Schloßweg"*.

TOUR 17

Der Gesamtkomplex mit Schloß, ausgedehntem Park, Bibliothek sowie Dorfanger mit Amtshaus und Wohngebäuden wurde nach Entwürfen von David Gilly (Lehrer von Schinkel) 1790/95 erbaut. Der Komplex dieses bemerkenswerten frühklassizistischen Ensembles ist in seinem Erscheinungsbild durch Umbauten und Vernachlässigung stark beeinträchtigt.
Das ursprünglich zweigeschossige Schloß wurde 1845 und 1885 unter anderem durch zwei von Zinnen bekrönte Türme und einen dreiachsigen Mittelrisalit erweitert. Der große Landschaftspark entstand unter direktem Einfluß der Anlagen in Wörlitz und Potsdam und ist einer der frühesten Landschaftsgärten der Mark. Er besitzt einen reichen und vielgestaltigen Baumbestand. Allerdings ist er, wie die meisten anderen Teile des Komplexes auch, ziemlich verwahrlost. Einzig die ehemalige Bibliothek, im Stil eines Prostylostempel, wurde vor kurzem umfassend restauriert, so daß sie wieder in ihrer schönen ursprünglichen Form zu sehen ist.
Interessant sind außerdem noch die zwei Sphingen an der Schloßeinfahrt. Es handelt sich dabei um Sandsteinkopien der Originale auf der ehemaligen Herkulesbrücke in Berlin.
Die Kirche stammt aus der 2. Hälfte des 13. Jahrhunderts und enthält eine interessante Innenausstattung.
Der ehemalige Dorfkrug (jetzt Gemeindeverwaltung) neben der Kirche wurde um 1795 erbaut und wird ebenfalls Gilly zugeschrieben.

Danach radeln wir zurück zur Kirche und an dieser rechts vorbei, bis wir nach kurzer Zeit wieder auf der Straße Fürstenwalde – Heinersdorf ankommen. Auf dieser geht es noch drei Kilometer weiter, sanft auf die Lebuser Hochfläche ansteigend, bis zum Abzweig rechts **„Hasenfelde"** (hinter dem Ortsteil Hasenwinkel).

In **Hasenfelde** sehen wir zunächst eine schöne Feldsteinkirche mit Backsteinturm (spätgotischer Bau mit Resten eines Vorgängers aus dem 13. Jahrhundert, 1901 umgebaut; Kanzel mit wertvollen

Schnitzfiguren). Wir bleiben weiter auf der Hauptstraße und entdecken kurz vor dem Ortsausgang ein scheinbar deplaciertes, aber sehr charakteristisches Gebäude – den Bahnhof.

Er liegt an der nicht mehr existierenden Strecke der Oderbruchbahn. Erbaut wurde die Normalspur-Kleinbahn 1910/12. Sie führte von Fürstenwalde über Hasenfelde und Seelow durch das Oderbruch bis zur Oder und endete in Wriezen. Von

Hasenfelde führte außerdem ein Stichbahn nach Müncheberg (Stadt). Das Interesse am Bau der Bahn war zunächst vor allem ein wirtschaftliches: der „Gemüsegarten Berlins" – das Oderbruch– brauchte schnelle Wege in die Hauptstadt, ein günstiger Umschlag der Güter, die per Schiff auf der Oder befördert wurden, war notwendig.
Die Kämpfe am Ende des Zweiten Weltkriegs brachten ebenso Zerstörungen mit sich wie das schwere Hochwasser 1947. Den-

noch wurde auf Teilabschnitten der Verkehr schon 1946 wiederaufgenommen, und 1950 war die gesamte Strecke befahrbar. Mit der Konzentration des Güterumschlags auf den Raum Frankfurt (Oder) in den sechziger Jahren wird die letzte Phase der Oderbruchbahn eingeleitet. Aufgrund der geringen Rentabilität und des schlechten Zustandes der Gleisanlagen wird ab 1966 schrittweise zunächst der Reiseverkehr und dann auch der Güterverkehr eingestellt. Mit dem Jahreswechsel 1971/72 endet der Betrieb der Oderbahn. Nur kurze Teilstücke verblieben. Eines davon, die Anschlußbahn zwischen Dolgelin und Seelow Stadt, wurde Anfang 1994 stillgelegt.
Auch die Geschichte dieser Bahn zeigt, daß das Eisenbahnnetz in Brandenburg in der jüngeren Vergangenheit stärker ausgebaut war. Nicht nur hier und im Oderbruch findet man „Bahnhofstraßen“ ohne Bahnhof, Bahnhöfe ohne Schienen oder Schienen ohne Bahnverkehr. Wohin wird die zukünftige Entwicklung der Bahn gehen?

Bei unserer Weiterfahrt nach Ahrensdorf sehen wir linker Hand noch den alten Bahndamm und kurz vor dem Ort passieren wir den „nicht mehr vorhandenen Bahnübergang“.

In **Arensdorf** stoßen wir auf die B 5. Auf diese biegen wir nach rechts ab und fahren an der frühgotischen Granitquaderkirche (Mitte 13. Jahrhundert) vorbei.

Die Falkenhagener Kirche

Dort, wo die Bundesstraße leicht nach rechts abknickt, fahren wir nach links auf die *„Falkenhagener Straße"*. Wir bleiben nun auf der Straße, die nach einer Linkskurve *„Regenmantler Weg"* heißt, und fahren an einzelnen Gehöften vorbei. Nach dem letzten Haus müssen wir noch einen Kilometer auf einem Fahrweg bis zum nächsten Ort mit dem originellen Namen radeln. **Regenmantel** – hoffentlich ist nomen nicht omen.

An der Kreuzung fahren wir nach rechts, zunächst auf einem Ministück mit Pflaster, dann aber sehr schön und sehr ruhig auf Asphalt bis **Falkenhagen**. Von weitem grüßt uns nun schon die mächtige Falkenhagener Kirche. Vor dem Ort überqueren wir den Damm der ehemaligen Oderbruchbahn.

An der Kreuzung mit der abbiegenden Hauptstraße fahren wir weiter geradeaus **(„Seelow/Lietzen")**.

An der Kreuzung könnten wir rechts einen kurzen Abstecher zur Kirche machen. Weitere Informationen zum Ort siehe Tour 16, S. 158

Auf der Hauptstraße kommen wir am hübschen und hier überraschenden Schweizerhaus vorbei. An der großen Kreuzung biegen wir nach rechts ab in Richtung Petershagen. Wir erklimmen den Schloßberg und fahren dann auf der Hauptstraße nach rechts.

Die direkte Straße zu unserem nächsten Ziel **„Döbberin"** geradeaus ist uns im wahrsten Sinne des Wortes verbaut. Er führt durch ein früheres, ziemlich stark gesichertes militärisches Gelände der sowjetischen/russischen Armee, das jetzt in Bundeseigentum ist.

Auf der ruhigen Betonstraße fahren wir nun ein ganzes Stück, bis links der Abzweig Döbberin auftaucht. Dem folgen wir auf eine ebenfalls betonierte Straße, die wir aber nach einiger Zeit entsprechend der Ausschilderung nach rechts auf einen ziemlich ausgefahrenen Fahrweg verlassen müssen. Nach anderthalb Kilometern erreichen wir die erwähnte direkte Straße und radeln auf dieser weiter nach rechts bis zum Ort. Was uns besonders auffällt, sind die vielen neuen roten Ziegeldächer. An der Kreuzung bei der Kirche (romanisierender Backsteinbau von 1905) fahren wir nach rechts **(„Niederjesar")**.

Auf der Strecke nach und durch **Niederjesar** sowie weiter bis zur B 167 bleiben wir immer auf der Hauptstraße. Die Bundesstraße befahren wir zunächst nach rechts und biegen dann, wenn wir die Bahnschienen überquert haben, nach links ab in Richtung Mallnow. Rechts von der nun folgenden Straße sehen wir eine Verdichterstation der Erdgastrasse „Jagall" und etwas später eine kleine Feldsteinmauer mit einer Tafel, auf der die Mallnower mitteilen, daß sie auf der Schnittstelle zwischen Lebuser Hochfläche und Oderbruch wohnen, ihr Ort zwischen 1325 und 1333 ersturkundlich erwähnt wurde und sich hier ein 120 Hektar großes Naturschutzgebiet befindet, dessen auffälligster Vertreter der Flora das Adonisröschen ist. Außerdem solle man dort einen guten Blick über das Oderbruch haben – ob das stimmt? Wir werden sehen!

In **Mallnow** radeln wir an der Kirchenruine (14. Jahrhundert) mit dem freistehenden modernen Glockenturm zunächst vorbei, dahinter nach rechts und gleich darauf nach links auf den *„Bruchweg"*. Von dort ist es nur ein kleines Stück bis zu dem Rastplatz an den **„Pontischen Hängen"**, dem schon erwähnten Naturschutzgebiet.

Und tatsächlich – der Blick über den Steilabfall ins Oderbruch ist beeindruckend. Und noch schöner ist es hier von Mitte April bis Anfang Mai, denn dann können wir den Blütenteppich der Frühlings-Adonisröschen erleben.
Die geschützte Pflanze gehört zu den Hahnenfußgewächsen und enthält herzwirksame Glykoside. Der griechischen Sage nach ist das Adonisröschen, oder nur Adonis, aus dem Blut des schönen Jünglings Adonis entstanden, der von Aphrodite geliebt, von einem Eber getötet und jedes Jahr vom Frühjahr bis zum Hochsommer auf die Oberwelt zurückkehren durfte. Er ist damit das Sinnbild für die sterbende und wiedererwachende Natur.
Allerdings öffnen sich die vier bis fünf Zentimeter großen gelben Blüten nur bei schönem Wetter.
Dieser Zeitraum hat aber auch einen Nachteil – es herrscht an den Wochenenden ein großer Menschenandrang. Sonst ist es eher ruhig hier.

Wir fahren nun zurück zur Kirche und, nachdem wir links abgebogen sind, entlang des Angers weiter. Am Weiher biegen wir rechts ab und danach links. Am Ortsrand von Mallnow verlassen wir die Asphaltstraße geradeaus und folgen nun dem Theodor-Fontane-Radweg nach Lebus. Auf diesem ordentlichen Fahrweg fahren wir bis zu einem Bahnübergang, überqueren diesen, und dahinter geht es weiter auf Asphalt bis zur Bundesstraße 112 am Ortsrand von **Lebus**. Auf dieser radeln wir nach rechts und hinter dem Ortseingangsschild nach links auf eine Betonstraße *(„Birnenallee“)*. An der nächsten Kreuzung biegen wir rechts ab in die *„Lindenallee“*.

Wir kommen an einem Friedhof mit einer Feldsteinmauer vorbei und holpern dahinter nach links auf der Kopfsteinpflasterstraße ein Stück bergab. Gleich an der nächsten Gabelung biegen wir nach links auf den Fahrweg ab. Über Kopfsteinpflaster, Beton und wieder Kopfsteinpflaster kämpfen wir uns mehr schlecht als recht auf den Schloßberg. Dort wo die Steigung nachläßt, haben wir links einen ersten wunderschönen Ausblick auf die Oder und die Wiesen auf der polnischen Seite. Diese Höhenstraße fahren wir nun bis zu ihrem Ende auf einen kleinen Platz weiter.

Hier findet man die spärlichen Reste der Burg, die über 250 Jahre lang Bischofssitz war.
Die gesamte **Burganlage** befand sich auf einem Bergrücken, dem Burgberg, der durch Querrinnen in drei Abschnitte unterteilt ist: dem Pletschenberg im Norden (hier wurde ein Wartturm an der ehemaligen Zufahrt ergraben), dem Schloßberg (erster Abschnitt der Straße auf dem Bergrücken, vermuteter Standort der Kathedralkirche) und dem Turmberg, auf dem wir uns jetzt befinden. (Allerdings wird die gesamte Straße auf dem Höhenrücken, also auf dem Schloß- und Turmberg, mit *„Schloßberg“* bezeichnet.)
Die Reste auf dem Turmberg aus dem 13. bis 15. Jahrhundert lassen ungefähr die Form des ursprünglichen Bauwerkes erahnen: Umfassungsmauern in Form eines Rechtecks, drei Rundtürme an den Ecken und innerhalb der Mauern und an sie angelehnt die Wirtschafts- und Wohngebäude, einen Hof mit Zisterne umschließend.
Allerdings gab es schon lange vorher Besiedlungen und eine Volksburg, die von 1000 v. Chr. bis gegen 500 v. Chr. bestand. Der Burgberg wurde erst nach über 1000jähriger Siedlungsleere wieder von Slawen befestigt und dicht besiedelt.

Dem hier lebenden Stamm der Slawen – Leubuzzi oder Lebuser – verdanken der Ort und die Landschaft ihren Namen. Die „Terra Lebusana“, das **Land Lebus**, lag beiderseits der Oder und wurde im Südwesten durch die Schlaube, Spree und Löcknitz und von West nach Nord durch die Stobber (Rotes Luch, Stobbertal) begrenzt. Die Lebuser Hochfläche oder Platte bildet den größten Teil dieses Gebietes.
Das Land Lebus war seit dem frühen Mittelalter hart umstritten, der Besitz wechselte mehrfach. Um 1123 wurde das Bistum Lebus gegründet und unterstand dem polnischen Erzbistum Gnesen. Im Jahre 1226 verlieh der schlesische Piastenherzog Heinrich der Bärtige Lebus das deutsche Stadtrecht. Bis ins 13. Jahrhundert war Lebus mit seiner Burg politisches und militärisches Zentrum des Landes Lebus und kontrollierte die Kreuzung der West-Ost-Handelsstraße mit der Oder.
Mit der Gründung von Frankfurt (Oder) und Aufstieg zur Handelsstadt verlor Lebus an Bedeutung, die Residenz der Bischöfe kam 1385 nach Fürstenwalde. Das Bistum Lebus bestand zunächst weiter fort, wurde 1424 Magdeburg unterstellt, jedoch 1598 endgültig aufgelöst.
Danach sank Lebus völlig zur Bedeutungslosigkeit herab und trug im 18. Jahrhundert bereits dörflichen Charakter. Nach den Bränden von 1589 und 1631 verfielen die Bauwerke auf dem Burgberg, allerdings standen bis 1710 noch drei Rundtürme.
Die alte Lebuser Stadtkirche brannte 1803 nieder und wurde durch die Pfarrkirche St. Marien 1810 ersetzt. 1945, ebenso wie die Stadt stark zerstört, wurde sie verkleinert wiederhergestellt. Sehenswert ist auch das Heimatmuseum, in dem zur Zeit auch eine Ausstellung zur Geschichte der einstigen Bischofsstadt vorbereitet wird.
(*Öffnungszeiten*: Dienstag/Mittwoch 10–13 Uhr, Donnerstag 14–17 Uhr, Freitag 9.30–11 Uhr, sonst nach Voranmeldung).

Wir fahren die Straße ein Stück zurück bis zu einer Art Rondell. Dort biegen wir nach rechts in den kleinen Weg (kleine Holzpfähle an der Seite) nach unten ab. Hier müssen wir sehr vorsichtig sein, oder noch besser, wir schieben das Rad ein Stück. Wir erreichen einen schönen Hangweg, den wir nach rechts weiterfahren, bis wir unten an der Kirche ankommen. Wir radeln weiter nach rechts bis zur *„Straße der Freiheit"* und dort nach links hinunter bis zur Oder (hier befindet sich eine Gaststätte).

Von der Oder geht es wieder bergauf die *„Straße der Freiheit"*, wobei wir an der Gabelung auf der asphaltierten Hauptstraße bleiben. Auf unserem Weg bis ganz oben fahren wir an der *„Lindenstraße"* an einem sowjetischen Ehrenmal für die Gefallenen der Schlacht um Berlin vorbei. An der Ampelkreuzung stoßen wir auf die Bundesstraßen 112 und 167. Wir fahren auf letzterer geradeaus in Richtung Seelow weiter. Zunächst können wir dem Verkehr auf einem Radweg ausweichen, dann müssen wir uns aber nach dem Bahnübergang noch vier Kilometer Auspuffgase um die Nase wehen lassen. Wenn wir erneut Bahnschienen überquert haben (hier waren wir bei unserer Tour schon!), biegen wir links ab nach **„Treplin/Alt Zeschdorf"**.

Wir radeln jetzt entlang einer ausgedehnten Seenkette mit Zeltplatz und Badestellen bis nach **Alt Zeschdorf**. Hier und weiter nach **Treplin** fahren wir immer auf der Hauptstraße, was wir auch nach der Überquerung (Richtung Briesen) der B 5 bis Petersdorf so halten.

Hinter der Bundesstraße erwartet uns eine modernisierte und dennoch ruhige Straße, auf der wir Sieversdorf ansteuern. Hier sind das Herrenhaus (um 1700, klassizistischer Umbau Anfang 19. Jahrhundert) und die in ihrem Ursprung spätromanische Kirche (Anfang 13. Jahrhundert) mit schöner Innenausstattung sehenswert.

In **Petersdorf** (Granitquader-Kirche aus dem 13. Jahrhundert) geht es an einer Kreuzung weiter geradeaus in Richtung **Briesen**, das wir nach einiger Zeit bergab von der Lebuser Hochfläche erreichen. Wenn wir am Bahnübergang ankommen, biegen wir davor nach rechts ab und am nächsten Übergang nochmals.

Nächste Station ist nun **Falkenberg** (mit spätgotischer Feldsteinkirche), das wir auf der Hauptstraße durchfahren. Hauptstraße ist auch das Stichwort bis **Berkenbrück**. Hier können wir im Dorf allerdings noch etwas ruhiger und glatter radeln, indem wir auf die *„Wilhelm-Pieck-Straße"* rechts abbiegen.

Hinter dem Ort lockt uns ein zunächst mittelmäßiger und dann sehr guter Radweg bis Fürstenwalde von der Straße. In **Fürstenwalde** fahren wir bis zu einem Wasserturm und biegen dort auf die *„Turmstraße"* rechts ab. Wo diese endet, fahren wir nach links bis zur zweiten Ampelkreuzung weiter. Hier benutzen wir die *„Bahnhofstraße"* rechts bis zum Ausgangspunkt der Tour.

Auf Schleichstraßen

Start und Ziel: Bahnhof Fürstenwalde
Streckenlänge: 108 km
Abkürzungen: Mit dem Zug zurück von Frankfurt oder Görzig, Fahrweg von Neubrück bis Langewahl
Wegbeschaffenheit: Ausschließlich befestigte Straßen und Wege: überwiegend Asphalt, Verbundpflaster, Beton, kaum Kopfsteinpflaster

nach Frankfurt

Sehenswertes (Auswahl): Frankfurt (Marienkirche, Rathaus, Kleist-Museum) Heimatmuseum Müllrose

Einkehrmöglichkeiten (Auswahl): Jacobsdorf, Frankfurt, Lossow, Müllrose, Pfaffendorf

Übernachtung: Helene-See (Campingplatz), Müllrose

Baden: Petersdorfer See (bei Briesen), Helene-See, Müllroser See

Diese Tour führt uns in eine Stadt, die auf eine sehr interessante Geschichte verweisen kann, die aber wie kaum eine andere in Brandenburg unter den Folgen des letzten Weltkrieges zu leiden hatte. Dennoch ist Frankfurt (Oder) auch heute durchaus sehenswert.

Eine Strecke auf befestigten und gut befahrbaren öffentliche Straßen zu einer größeren Stadt wie Frankfurt führt häufig nur durch dickes Verkehrsgewühl. Daher ist es umso erstaunlicher, daß es bei dieser Tour zumeist nur wenig Verkehr gibt, sieht man einmal von der Straße Beeskow-Fürstenwalde und der Fahrt durch Frankfurt ab (hier kann man aber auf Radwege ausweichen).

Die Tour ist auch als Zwei-Tagestour vorstellbar, wenn man beispielsweise am Helene-See (Campingplatz) oder in Müllrose übernachtet. Dann kann man auch noch einen Ausflug in den reizvollen und gut ausgeschilderten Naturpark Schlaubetal einplanen.

★

Vom Bahnhofsvorplatz fahren wir zunächst nach rechts und biegen dann in die *„Friedrich-Engels-Straße"* („Seelow") nach links ein. Dort geht es zunächst weiter geradeaus bis zu einem Sackgassenschild. Hier fahren wir nach rechts in die *„Robert-Havemann-Straße"* und an der nächsten Kreuzung nach links auf die recht stark befahrene Straße. Dort ordnen wir uns vor der Ampel in die Geradeaus-Spur in Richtung **„Briesen/Berkenbrück"** ein und radeln dann weiter in der *„Frankfurter Straße"* und über eine weitere Ampelkreuzung hinweg. Jetzt geht es bis Falkenberg weiter wie bei Tour 16, S. 155 beschrieben.

In **Falkenberg** radeln wir aber diesmal mit der Hauptstraße nach rechts. Davor sehen wir die spätgotische Feldsteinkirche.

Nun geht es weiter bis **Briesen**, wo wir vor dem Bahnübergang nach links in Richtung Frankfurt abbiegen, was wir an dem kurz darauf folgenden Übergang wiederholen. Immer noch in Briesen fahren wir später auf der Hauptstraße nach rechts (geradeaus geht es zu einem Zeltplatz). Daß der Ort in einer eiszeitlichen Schmelzwasserrinne liegt, merken wir spätestens vor dem Ortsausgang. Denn nun müssen wir auf die Lebuser Hochfläche klettern, kein sehr steiler, aber ein sich lang hinziehender Anstieg.

An der Kreuzung in **Petersdorf** (dahinter Granitquader-Kirche aus dem 13. Jahrhundert), biegen wir nach rechts ab in Richtung Müllrose und erreichen bald **Jacobsdorf**. An der ebenfalls aus Granitquadern bestehenden Kirche (13. Jahrhundert) vorbei radeln wir noch vor dem Bahnübergang nach links **(„Pillgram“)**. Hier empfiehlt es sich, den Radweg zu benutzen, der sogar etwas besser als die asphaltierte und ruhige Straße ist!

Vor Pillgram überqueren wir (nach Berkenbrück zum zweitenmal) die Bahnlinie Berlin – Frankfurt – Warschau und folgen im Ort geradeaus der Ausschilderung **„Lichtenberg/Rosengarten“**.

In Pillgram gibt es ein schönes Giebellaubenhaus im Fachwerkstil, das vermutlich schon im 16. Jahrhundert als Dorfkrug erbaut wurde und im 18. Jahrhundert Station der Fürstenwalder Poststraße von Berlin nach Breslau war.
Auf der linken Seite vor dem Ortsausgang sehen wir ein neues evangelisches Pflegeheim.

Wir radeln nun auf der völlig modernisierten und recht ruhigen Straße, überqueren später nochmals die genannte Bahnstrecke und erreichen dann den zu Frankfurt gehörenden, schön gelegenen Ort mit dem klangvollen Namen **Rosengarten**. An einem kleinen Kreisverkehr fahren wir praktisch geradeaus in Richtung Frankfurt. Auf der Abfahrt in den Ortskern fällt uns rechts die Patronatskirche (Zentralbau von 1905 mit Jugendstilelementen) und links ein Herrenhaus (1898, Neobarock) auf, welches leider leer steht.

Wir kommen an ein kleines Wasserbecken im Ort und folgen hier der Hauptstraße ebenso, wenn wir Rosengarten verlassen haben. Nach einer Rechtskurve sehen wir das Ortseingangsschild von **Frankfurt**. Hier fahren wir zunächst auf der *„Postbruchstraße“* geradeaus und dann an ehemaligen Kasernen vorbei, in denen jetzt eine „Außenstelle des Bundesbeauftragten für die Unterlagen des Staatssicherheitsdienstes der ehemaligen Deutschen Demokratischen Republik“ (kurz: die Gauck-Behörde) residiert.

Auch nach der nächsten Ampelkreuzung behalten wir die Geradeaus-Richtung bei *(„August-Bebel-Straße“)* und folgen nun bei der Weiterfahrt ins Zentrum grundsätzlich den Straßenbahnschienen. Da der Verkehr jetzt zunimmt, fahren wir jetzt auf dem ordentlich ausgebauten Radweg entlang der Straße angenehmer.

Nach kurzer Zeit sehen wir wieder ehemalige Kasernen, die zum Teil für die Europa-Universität Viadrina umgebaut werden.

Nachdem wir eine Bahnbrücke unterquert haben, folgen wir der Hauptstraße und den Schienen nach rechts *(„Fürstenwalder Straße“)*.

Die Fürstenwalder Straße schwenkt später in die *„Heilbronner Straße“* nach links ein, und in diese Richtung fahren wir auch.

An der nächsten Querstraße rechts sehen wir, wie steil die Straßenbahn vom und zum Bahnhof fährt.

Hier wie auch an der nächsten Ampelkreuzung halten wir uns weiter geradeaus, wobei wir zuletzt links ein interessantes Backsteingebäude in historisierender Form sehen – die Hauptpost – und rechts den Oderturm.

Danach biegen wir links ab entsprechend der Ausschilderung **„Rathaus“** und fahren dann ebenfalls nach links auf den Rathausplatz zwischen Rathaus und Marienkirche.

Hier haben wir nun die Möglichkeit, das vom alten **Frankfurt** zu besichtigen, was nach den schweren Zerstörungen am Ende des Zweiten Weltkrieges übrig blieb und in den Jahren bis 1990 und danach neu errichtet wurde.
Die Geschichte der Stadt begann um 1226 mit der Gründung der Siedlung „Vrankenforde“ durch deutsche Kaufleute an der günstigsten Übergangsstelle über die Oder. Im Jahre 1253 wurde der Marktsiedlung das Stadtrecht verliehen und der Bau des Rathauses, der Marienkirche und der Oderbrücke begonnen. Im 14. und 15. Jahrhundert war Frankfurt bedeutendes

In Frankfurt steht eines der ältesten Rathäuser Deutschlands

Zentrum im Ost-West- und Nord-Süd-Handel und von 1430 bis 1520 Mitglied der Hanse.
1506 wurde hier die erste brandenburgische Landesuniversität, die Viadrina, eröffnet, die 1811 nach Breslau verlegt wurde. Obwohl die Ereignisse im 30jährigen Krieg zum (zeitweiligen) Niedergang der Stadt führten, wurde sie schon 1658 erstmals als Messestadt erwähnt.
Als Ersatz für die Verlegung der Universität wird die Stadt 1815 Regierungssitz für die Neumark. Nach 1871 entwickelt sich Frankfurt durch den Bau mehrerer Kasernen zur Beamten- und Garnisionsstadt; dafür geht aber die Messetätigkeit zurück.
Die sicher schwerste Stunde für Frankfurt schlug 1945. Die Stadt wird zur Festung erklärt, die Innenstadt mit ihren Häusern aus der Gotik, der Renaissance und dem Barock wird durch Kriegshandlungen, vor allem aber durch Brandlegungen fast völlig zerstört.
Frankfurt wird aufgrund des Potsdamer Abkommens Grenzstadt, und die östlich der Oder gelegene Dammvorstadt (jetzt Slubice) wird abgetrennt.
Der Wiederaufbau der Stadt beginnt 1951, und ab 1952 ist sie Bezirksstadt. In den 70er Jahren werden umfangreiche Restaurierungen an bedeutenden Baudenkmalen vorgenommen. Eine zweite Bauphase in der Innenstadt begann 1985.
In jüngster Zeit wurden vor allem der Oderturm (erbaut 1976 und mit 89 Metern das höchste Bauwerk der Stadt) rekonstruiert und die Oderturmpassagen, ein attraktives Einkaufszentrum, gebaut sowie die Restaurierung der Marienkirche fortgesetzt. Seit 1991 gibt es hier auch wieder eine Universität – die Europa-Universität „Viadrina“.
Geographisch gesehen liegt die Stadt in einer stark gegliederten Endmoränenlandschaft und einer Talsandinsel der Oder. Daher gibt es zwischen der Innenstadt und den westlichen Teilen beachtliche Höhenunterschiede.
Sehenswert sind vor allem:
St. Marienkirche: 13. Jahrhundert, fünfschiffig im 14. Jahrhundert ausgebaut, mit 82 Meter Länge und 45 Meter Breite größte Hallenkirche der norddeutschen Backsteingotik in Deutschland, bemerkenswert das Nordportal „Kaiserpforte“; im Krieg stark zerstört, jetzt in Restauration; die reiche Innenausstattung befindet sich in der St.-Gertraud-Kirche (Gertraudenplatz 6)

Rathaus: eines der ältesten Rathäuser Deutschlands, erbaut ab 1253 als zweigeschossige Kaufhalle, norddeutsche Backsteingotik, Prunkgiebel 14. Jahrhundert, Beginn des 17. Jahrhunderts Renaissance-Umbau; im Krieg stark zerstört, bis 1978 restauriert. Mit Museum Junge Kunst, *Öffnungszeiten:* 10–17 Uhr (außer Montag)
Franziskaner-Klosterkirche: jetzt Konzerthalle „Carl Philipp Emanuel Bach", erbaut ab 1270, dreischiffige gotische Hallenkirche mit Deckenmalerei; nach Brandschäden im Krieg in den 60er Jahren zur Konzerthalle umgestaltet
Kleist-Museum (Faberstraße 7): ehemalige Garnisonsschule, Barockbau von 1777. Literaturmuseum für den 1777 in Frankfurt geborenen Dramatiker und Erzähler („Der zerbrochene Krug", „Michael Kohlhaas"). *Öffnungszeiten:* 10–17 Uhr (außer Montag)
Stadtgeschichtliches Museum Viadrina (Carl-Philipp-Emanuel-Bach-Straße 11): ehemals „Junkerhaus" und „Königliches Haus", Ende 17. Jahrhundert. *Öffnungszeiten:* 10–17 Uhr (außer Montag)

Ausgangspunkt für die Fortsetzung der Tour ist der Rathausplatz.

Wir fahren nun zur Oder und sehen davor einen Glockenturm und rechts das Kleist-Museum. Die Glocke wurde 1952 von der DDR-CDU aus Anlaß der Unterzeichnung des Vertrages über die Oder-Neiße-Friedensgrenze gestiftet.

An der Oderpromenade angekommen, sehen wir links die Stadtbrücke, die Verbindung zwischen Frankfurt und Slubice, und die ausgedehnten Wiesen gegenüber, die bei Hochwasser ein großer See sind.

Wir radeln nun nach rechts weiter, wobei wir entweder den Weg direkt am Ufer oder die parallel verlaufende Verbundpflasterstraße benutzen können.

Voraus sehen wir schon eine Brücke in einer interessanten Holzkonstruktion. Hinter der Brücke beginnt der *„Hermann-Weingärtner-Weg"* auf eine Insel, die durch die Oder und einen Seitenarm gebildet wird. Weingärtner war 1896 Olympiasieger in Athen.

An der Brücke folgen wir der Asphaltstraße, die uns nun vom Oderufer wegführt. Am Straßenbahnbetriebswerk vorbei fahren wir durch die *„Fischergasse"* (eine der wenigen erhalten gebliebenen älteren Teile der Stadt). Wir kommen hier aber auch an einem neueren Fabrikgebäude mit viel Glas vorbei. Danach überqueren wir eine kleinere Kreuzung und biegen hinter einem weniger schönen Betriebsgebäude sofort rechts auf die Betonstraße ab. Von hier fahren wir auf die Hauptstraße und radeln dort nach links weiter, vorbei an einigen schönen Gründerzeithäusern.

(Wer möchte, kann auch die Fischergasse auf Kopfsteinen weiterfahren und kommt später wieder auf die Originalstrecke.)

Wir gelangen nach dem Stadion auf den *„Carthaus-Platz"*, fahren dort eine dreiviertel Runde und danach praktisch in der selben Richtung wie zuvor auf den *„Buschmühlweg"*.

„Weg" ist jedoch irreführend, es handelt sich um eine breite, aber nicht allzu belebte Asphaltstraße.

Nach einiger Zeit fahren wir unter der Eisenbahnstrecke Berlin–Warschau hindurch. Ab hier beginnt auf der linken Seite ein empfehlenswerter, weil gut ausgebauter Radweg entlang der Straße. Wenig später unterqueren wir die Autobahn nach Polen und können hier einen Teil der Lkw-Staukolonnen vor der Grenze bestaunen.

Am Ortsausgang von Frankfurt müssen wir dann wieder auf die Straße, was hier jedoch nicht so tragisch ist. Jetzt wird wieder unsere Kondition gefragt, sage und schreibe sechs Prozent steigend geht es auf die *„Steile Wand"* von **Lossow** hinauf. Aber wir sollten diesen serpentinenartigen Anstieg auf die Ausläufer der Lebuser Platte nicht unterschätzen, er streckt sich doch ganz schön. Danach geht es aber zum Ausgleich wieder auf flacherer Strecke weiter bis Lossow.

Hier zweigt links ein Fahrweg zu einem archäologischen Bodendenkmal ab.

Ursprünglich war es eine Burg- und Kultstätte der ausgehenden Bronzezeit, ca. 1000 v. Ch. Später befand sich hier eine slawische Burganlage.

Wir bleiben danach weiter auf der Hauptstraße bis zur Bundesstraße und überqueren diese geradeaus in Richtung Helene-See. Nach einem kleinen Anstieg fahren wir recht rasant acht Prozent abwärts auf den Sander vor dem Berliner Urstromtal. Dort, wo die Hauptstraße nach links abbiegt, fahren wir geradeaus.

Wir könnten auch der Hauptstraße folgen und kämen dann auf das Gelände des Freizeit- und Campingparks Helene-See. Hier wäre dann die Weiterfahrt nach rechts entlang des Sees auf einem asphaltierten Weg möglich, der uns nach einem Schlenker vom See weg wieder auf die Straße führt. Dort ginge es dann links weiter. Allerdings ist diese Variante nur außerhalb der Saison machbar, weil das hintere Tor ansonsten geschlossen ist. Außerdem muß man in der Saison (Mai bis September) Eintritt bezahlen.

Der **Helene-See** war bis in die 50er Jahre Braunkohlegrube für das Kraftwerk Brieskow-Finkenherd. Er hat eine Fläche von 250 Hektar, ist bis zu 60 Meter tief und gehört zu den saubersten Seen Brandenburgs. Daher haben sich hier auch viele Tauchsportvereine und -schulen angesiedelt.
Der Freizeit- und Campingpark hat einen sehr schönen langen und feinsandigen Strand, und hier kann man sowohl zelten als auch Bungalows und Ferienhäuser mieten.

Wir fahren nun entlang des Zauns und dort, wo er endet, haben wir die Möglichkeit, an den Helene-See heranzufahren und dort ein erfrischendes Bad zu nehmen (auch im Sommer kostenfrei). Allerdings führt zu diesem Steilufer kein befestigter Weg.

Auf der Straße radeln wir weiter nach **Schlaubehammer** und dort an der Kreuzung nach rechts. Ab hier beginnt ein ausgezeichneter Radweg entlang der relativ ruhigen Straße bis nach Müllrose. Davor fahren wir aber noch durch den kleinen Ort Kaisermühl.

Schlaubehammer und **Kaisermühl** liegen im ehemaligen unteren **Schlaubetal**. Hier drehten sich einstmals insgesamt sechs Wassermühlen. Während Kaisermühl durch die Kaisermühlkeramik bekanntgeworden ist, kann Schlaubehammer auf eine lange Tradition in der Eisenherstellung verweisen. Mindestens schon seit 1545 gab es hier ein Werk zur Verarbeitung von Raseneisenstein, in dem mit Hilfe der Wasserkraft die Gebläse und Schmiedehämmer angetrieben wurden. Später wurde der Eisenhammer jedoch wegen der erschöpften Vorräte eingestellt.
Das untere Schlaubetal ist allerdings seit der Erbauung des Friedrich-Wilhelm-Kanals 1660 bis 1668 nicht mehr als Naturlandschaft erhalten. Der Kanal, zunächst als „Neuer Graben“ be-

zeichnet, schloß wesentliche Teile der unteren Schlaube zwischen Müllrose und der Oder ein. Er war die erste schiffbare Verbindung zwischen Oder und Spree, seine Gesamtlänge betrug 24 Kilometer. Teile dieses Kanals wurden in den neuen Oder-Spree-Kanal einbezogen, der 1891 fertiggestellt war.

In **Müllrose** an der Kreuzung mit der B 87 biegen wir nach links ab in Richtung Beeskow und überqueren später den **Oder-Spree-Kanal**. Auch dahinter folgen wir der Hauptstraße Richtung Beeskow und kommen zum Marktplatz von Müllrose, wo sich ein Halt durchaus lohnt.

Das kleine Städtchen liegt am Großen Müllroser See (hier gibt es auch eine Badestelle), in das die Schlaube mündet. Davor fließt das Flüßchen durch eines der schönsten Bachtäler Brandenburgs.
Müllrose, Tor zum Schlaubetal genannt, wurde um 1260 als Stadt gegründet. Mit der Einweihung des Friedrich-Wilhelm-Kanals bekam das Städtchen sein Tor zur Welt. Bis zum Wiener Kongreß 1815 war die Schlaube Grenze zu Sachsen.
In Müllrose steht die älteste noch produzierende Mühle im Schlaubetal (schon 1275 erwähnt); im zweiten Drittel des 19. Jahrhundert stand der Ort sogar im Mittelpunkt von Mühlenspezialisten aller Welt, die die hier eingesetzte neue Mühlentechnolgie studierten.
Der Marktplatz, auf dem wir stehen, beherbergt hübsche Bürgerhäuser aus dem 18./19. Jahrhundert. Dahinter, gegenüber der barocken Kirche von 1746/47, steht das Haus des Gastes, in dem sich auch das Heimatmuseum befindet („Kietz 5"). Die Ausstellungsstücke erstrecken sich auf Müllrose und die Region des Schlaubetals. (*Öffnungszeiten*: Dienstag/Donnerstag 9–12 und 14–17 Uhr, Mittwoch 9–12 Uhr und 14–16 Uhr, Freitag/Samstag 9–12, Sonntag 10–12 und 14–16)
Eigentlich müßten wir von hier einen Abstecher zum Schlaubetal machen, allerdings würde die Tour dann einige Kilometer länger werden …

Weiter auf der Hauptstraße *(„Beeskower Straße")* fahren wir an einem Freibad vorbei und biegen nach rechts ab in Richtung Neubrück/Biegenbrück.

Die sich anschließende Straße wurde völlig modernisiert und mit einem ausgezeichneten Radweg versehen (Verbundpflaster und Asphalt).

Der sehr ruhige Ort am Kanal hat eigentlich nur eine Attraktion – die alte mächtige Eiche, die hier so dicht am Straßenrand steht, daß man die Straße erheblich verengen mußte. Sie soll (angeblich) vom Großen Kurfürsten Friedrich Wilhelm zur Einweihung des Kanals 1668 persönlich gepflanzt worden sein.

In **Neubrück** endet der Radweg natürlich dort, wo das Pflaster auf der Straße beginnt. Wir radeln nun über eine flache Brücke über den „Speisekanal Neuhaus", eine Abkürzung zwischen Spree und Oder-Spree-Kanal. Hinter der Brücke beginnt dann ein neuer Radweg, der aufgrund der extrem schlechter werdenden Straße für den Radler auch existenzerhaltend ist.

Die nächste Brücke führt uns über die **Spree**. Dahinter sehen wir einige Fischteiche und ein Fischereiunternehmen. Wir radeln nun weiter auf Raßmannsdorf zu.

Hinter dem Ortsausgang Neubrück zweigt rechts vor dem Waldrand ein Fahrweg ab, der uns zwar ruhiger aber nicht unbedingt bequemer nach Fürstenwalde bringt. Wer sich für diese Variante entscheiden will, kreuzt zunächst eine Asphaltstraße und fährt später auf einer Kopfsteinpflasterstraße mit akzeptablem unbefestigtem Randstreifen. Noch vor der Autobahn geht es links nach **Langewahl**, und hier hat man dann sowohl die Straße als auch die Originalstrecke nach Fürstenwalde wieder erreicht.

Ein Stück hinter **Raßmannsdorf** folgen wir dem Abzweig **„Görzig/Sauen"** nach rechts. (Geradeaus würden wir zum sehenswerten Beeskow kommen, allerdings wären dies dann zusätzlich 20 Kilometer).

In **Görzig** erreichen wir zwar wieder die beliebten Kopfsteine, können aber sehr schön auf dem Verbundpflaster-Radweg radeln. Das Dorf überrascht mit seiner in ihrem Ursprung erhaltenen Anlage mit Backsteingehöften. Den ersten Abzweig **„Sauen"**, (dort gibt es ein sehenswertes Herrenhaus) ignorieren wir, dem zweiten **„Rietz Neuendorf"** müssen wir folgen. Ab hier ist die Straße, nun eigentlich durchgehend bis Fürstenwalde, asphaltiert.

Noch in Görzig kommen wir an einer schönen weißen Kirche mit Fachwerkturm vorbei (18. Jahrhundert, Kanzelaltar um 1800), auf dem Gottesacker davor erinnert eine Inschrift auf einem Findling an den 18. Oktober 1813 (Niederlage Napoleons in der Völkerschlacht bei Leipzig).

Wir fahren nun auf die Beeskower Platte, eine Grundmoränenlandschaft, und stoßen in **Rietz Neuendorf** auf die Verbindungsstraße Beeskow – Fürstenwalde, die wir nach rechts weiterfahren. Leider ist es nun mit der Ruhe vorbei – waren auf unserem Rückweg von Frankfurt die Straßen überwiegend wenig befahren, so folgt nun ein wesentlich belebterer Abschnitt. Auf der recht hügeligen Landstraße radeln wir durch **Pfaffendorf** (Kirche erste Hälfte 18. Jahrhundert), **Langewahl** und überqueren später die Autobahn. Wenn wir hier unseren Blick nach links schweifen lassen, sehen wir den Funkturm auf den Rauener Bergen. Rechts von der Straße steht das Reifenwerk.

Natürlich fahren wir auch wieder an ehemaligen Kasernen vorbei, die schon als Wohnhäuser modernisiert wurden oder noch werden. Interessant ist auch eine kleine „West Side Galery" an einer Kasernenmauer, an der wir auf einem Radweg später vorbeiradeln. Nach der Spreebrücke halten wir uns zunächst auf der Hauptstraße. An der Ampelkreuzung fahren wir dann allerdings geradeaus in Richtung Fürstenwalde Nord auf der *„Bahnhofstraße"* bis zum Bahnhof.

Mit dem Rad nach Philadelphia

Start und Ziel: Bahnhof Fürstenwalde
Streckenlänge: 49 km
Abkürzungen: Von Markgrafpieske direkt nach Storkow oder zum Scharmützelsee. Von Petersdorf direkt nach Fürstenwalde.
Wegbeschaffenheit: Zumeist Straßen/Wege mit Asphalt, Beton oder Verbundpflaster, nur in den Rauener Bergen Fahrwege

Sehenswertes (Auswahl): Storkow (Markt, Kirche), Dorf Saarow, Markgrafensteine
Einkehrmöglichkeiten (Auswahl): Markgrafpieske, Storkow, Reichenwalde, Bad Saarow
Baden: Scharmützelsee

Hier bietet sich uns die einmalige Chance, nur wenige Kilometer, aber „ganz weit weg" zu fahren. Jedoch, wir werden enttäuscht sein – Philadelphia haben wir uns doch ganz anders vorgestellt.

Eine Enttäuschung ist diese Tour jedoch keinesfalls, denn die ruhige Strecke durch das Beeskow-Storkower Land hat viele kleinere und größere Sehenswürdigkeiten aufzuweisen, von denen nur der Scharmützelsee und die Markgrafensteine, die sicher bekanntesten Findlinge Ostdeutschlands, genannt seien.

Letztere sind ein fast klassisch zu nennendes Symbol des ambivalenten Verhältnisses zwischen Natur und Technik. Naturschützer wehrten sich im 19. Jahrhundert gegen die Zerstörung des Großen Markgrafenstein, dessen Teilstück heute andererseits als hervorragend verarbeitete große Granitschale im Berliner Lustgarten zu bewundern ist.

★

Auf dem Bahnhofsvorplatz fahren wir zunächst nach rechts und dahinter die *„Friedrich-Engels-Straße"* nach links weiter. Auf der radeln wir bis zu einem Sackgassenschild. Hier biegen wir nach rechts ab und an der nächsten Kreuzung nach links auf die *„Wilhelm-Külz-Straße"*. Dort ordnen wir uns vor der Ampelkreuzung in die rechte Spur **(„Storkow")** ein und fahren dann halbrechts in der *„Eisenbahnstraße"* weiter. Wir überqueren die Spree und biegen unmittelbar hinter der Brücke in den asphaltierten Weg rechts ein (noch vor dem Abzweig Spreenhagen!).

Der Weg geht dann über in die *„Rudolf-Breitscheid-Straße"*. Auf dieser fahren wir dann geradeaus auf die Hauptstraße und entlang ehemaliger Kasernen bis zum Abzweig Braunsdorf rechts, dem wir nun folgen.

Mit der Fahrt über **Braunsdorf** machen wir zwar einen kleinen Umweg, für den wir aber durch die überaus ruhige und zugleich sehr gut befahrbare, weil neu asphaltierte Straße entschädigt werden.

Nach einer sehr angenehmen Fahrt durch den Wald erreichen wir Braunsdorf und stoßen dort auf eine T-Kreuzung, an der sich rechts die Jugendherberge befindet. Wir fahren nach links weiter und lesen am Ortsausgangsschild **„Markgrafpieske"**. Diesen Ort erreichen wir, nachdem wir den Wald verlassen haben, in einem weiten Bogen nach links.

In Markgrafpieske stoßen wir auf die Hauptstraße von Fürstenwalde und fahren nun nach rechts. Links sind schon die Rauener Berge mit dem Funkturm zu sehen.

Wir bleiben nun auf der Hauptstraße, die in mehreren Kurven durch den Ort führt, ignorieren also alle Abzweigungen.

Hier könnten wir, falls wir doch nicht so gut drauf sind oder das Wetter uns nicht gerade ermuntert, noch mehr Kilometer zu fahren, zwei *Abkürzungen* wählen: direkt zum Scharmützelsee über Kölpin oder über Lebbin nach **Storkow**.

In der stattlichen Backsteinkirche von 1894/95 war lange Zeit ein wertvolles Tryptychon aus der Cranach-Schule (um 1530) zu bewundern, das jetzt im Dommuseum der Stadt Brandenburg ausgestellt ist. Aber auch so ist das Innere der Kirche, auch aufgrund der schönen Restaurierung, sehenswert.

Zur Kontrolle, daß wir noch auf dem rechten Weg sind: am Ortsausgangsschild steht **„Rieplos"**. Auf der etwas belebteren Straße fahren wir nun weiter bis zur Straße Storkow – Erkner, biegen dort links ab, überqueren die Autobahn und folgen danach der Ausschilderung **„Neu Stahnsdorf/Alt Stahnsdorf"**. Auf einer schönen und ruhigen Asphaltstraße fahren wir nun durch die zwei Dörfer. Hinter **Alt Stahnsdorf** bleiben wir weiter auf der Hauptstraße, die nach einer Gabelung in leichtem Bogen nach links bis zur Verbindungsstraße Storkow – Friederdorf führt. Diese überqueren wir und fahren nun bis **Philadelphia**, das natürlich das ganze Gegenteil des großen US-amerikanischen Namensgebers ist. Schon nach dem Ortseingangsschild gibt es erstmal fast zwei Kilometer fast freies Feld, bis wir den eigentlichen Dorfkern erreichen.

Interessant an **Philadelphia** ist außer dem Namen vielleicht nur das Naturdenkmal einer alten Eiche und ein burgähnliches Gebäude an der Straße. Aber wann hat man als Mitteleuropäer schon mal die Gelegenheit, mit dem Fahrrad nach Philadelphia zu fahren?

Der Name soll auf Friedrich II. zurückgehen. Die Bewohner des im Volksmund „Hammerstall" genannten einstmaligen Vorwerkes „Stuttgarten" hätten sich bei ihm beschwert und um einen neuen Namen gebeten. Daraufhin soll der König diesen Namen bestimmt haben, weil im Ort viele Menschen wohnten, die nach Amerika auswandern wollten.
Übrigens liegt unweit von Philadelphia noch Boston, allerdings ein Neu Boston.

Hinter dem Ortsausgang fahren wir nach links in Richtung Storkow.

Geradeaus würden wir nach *Groß Schauen* kommen, wo sich ein Stück weiter rechts an der B 246 eine Fischräucherei mit Gaststätte befindet. Von dort würde man auf der Bundesstraße nach Storkow zur beschriebenen Strecke fahren.

Am Ortseingang von **Storkow** erreichen wir die B 246 und fahren dort nach links in Richtung Beeskow. Wir folgen der Bundesstraße, bis diese an einer Kreuzung zur untergeordneten Straße wird. Hier fahren wir nach links in Richtung Erkner. An der nächsten Ampelkreuzung biegen wir rechts zur Burg ab.

Auch wenn die **ehemalige Burg** einen eher traurigen Eindruck macht, so kann man dennoch einiges Interessantes entdecken. Sie wurde ab dem 13. Jahrhundert zum Schutz einer wichtigen Verbindungsstraße zwischen dem Barnim und dem Spreewald errichtet und war ursprünglich von einem Wassergraben umgeben. Nach 1518 ging sie in den Besitz des Bistums Lebus über und wurde zum bischöflichen Wohnschloß umgebaut. (Siehe auch Tour 17, S. 174, und S. 17)
Die Burg verfiel später, 1978 brannte auch noch der Nordflügel des Schlosses bis auf die Umfassungsmauern ab. Vom mittelalterlichen Kern ist nur das Brauhaus aus dem 15. Jahrhundert mit drei Spitzbogenöffnungen sowie ein Stück der Burgmauer erhalten. Der langgestreckte Fachwerkbau stammt aus dem Jahr 1934 und war früher eine Jugendherberge.

Nun fahren wir wieder zurück zur Ampelkreuzung und überqueren sie geradeaus. Damit kommen wir in den Teil vom alten Storkow, der nach dem Zweiten Weltkrieg stehengeblieben ist. Wir halten uns am Markt rechts. Obwohl die Straße ziemlich schlecht ist (Kopfsteine), werden wir durch den Anblick einiger schöner alter Häuser aus dem 18./19. Jahrhundert und der mächtigen Kirche entschädigt.

Bereits im Jahre 1209 wird **Storkow** urkundlich erwähnt. Aber schon um 1200 gab es hier eine Sumpfburg und ein wendisches Fischerdorf namens „Sturkuowe" (befestigter Damm).
Mit der Burg ging auch die Stadt Storkow 1518 in den Besitz des Bistums Lebus über, kam aber bei dessen Auflösung zu Kurbrandenburg.
Vom mittelalterlichen Stadtbild ist durch den Dreißigjährigen Krieg, die Stadtbrände im 18. Jahrhundert und den Zweiten Weltkrieg nicht viel übriggeblieben. Dennoch hat das Städtchen (ca. 5000 Einwohner) einen gewissen Charme.
Die neogotische Kirche entstand 1845/49 und 1896 unter Verwendung der Außenmauern einer spätgotischen Feldsteinkirche.

Auf einer Bogenbrücke überqueren wir einen Kanal (links ist eine Schleuse zu sehen) und erreichen dann wieder die Straße nach Erkner, die wir fast geradeaus zur *„Reichenwalder Straße"* überqueren.

Wer sich die zwar etwas beschwerliche, jedoch interessante Strecke durch den Stadtkern entgehen lassen und dafür bequemer fahren will, fährt an der Ampelkreuzung am Schloß nach rechts auf den Radweg und biegt beim Abzweig **„Bad Saarow/Reichenwalde"** erneut nach rechts ab.

Am Ortsausgang von Storkow beginnt dann entlang der Straße nach Reichenwalde ein sehr guter, weil asphaltierter Radweg, der unsere Weiterfahrt noch ruhiger und sicherer werden läßt, obgleich die Straße ohnehin nicht allzu belebt ist.

In **Reichenwalde** fallen uns die schön gelegene Kirche (Feldsteinbau, 13./14. Jahrhundert), ein altes Backsteinhaus (mit Gaststätte), die modernisierten Straßen und die vielen neuen Häuser auf. Vielleicht ist diese massive Umgestaltung des Dorfes aufgrund der Lage kein Wunder – bietet doch der Scharmützelsee, der neu entstandene Golfplatz und weiteres mehr das richtige Ambiente für „mondäne" Neuansiedlungen.

Dort, wo im Ort die Hauptstraße nach links abbiegt, fahren wir weiter geradeaus in Richtung **„Bad Saarow“**. Hinter Reichenwalde haben wir einen schönen Blick auf die große Senke, in der sich der Scharmützelsee befindet, den man allerdings nicht erkennen kann, und auf die dahinterliegenden Berge.

Wir rollen dann abwärts bis zu einer Kreuzung, erreichen dort **Bad Saarow-Pieskow** und fahren nach links in Richtung Fürstenwalde.

Hier bietet sich geradeaus ein Abstecher nach **Dorf Saarow** an, das im 16. Jahrhundert auf einer Halbinsel im Scharmützelsee gegründet wurde. Sehenswert sind das Gutshaus von 1723 mit jahrhundertealten Eichen und Eiben sowie mehrere Doppelstubenhäuser in Fachwerkbauweise aus dem 19. Jahrhundert. Von hier haben wir außerdem einen schönen Ausblick auf den See.

Auf der etwas belebteren Straße fahren wir bis zur *„Platanenstraße“* rechts und auf dieser bis zur *„Uferstraße“*, in die wir ebenfalls rechts einbiegen. Diese führt uns zum Scharmützelsee und an ihm entlang. Da diese Straße recht schlecht ist, empfiehlt es sich, auf dem parallellaufenden Betonweg zu fahren. Auf dessen Fortsetzung am Ufer erreichen wir dann den Fahrgastschiffhafen.

Die Feldsteinkirche in Reichenwalde

Das Landschaftsrelief rund um den **Scharmützelsee** entstand schon in der Saale-Eiszeit. In der Weichsel-Eiszeit wurde das Gelände aber nochmals stark überformt, und es entstanden unter anderem Hügelgruppen und Rinnenseen. Ein solcher ist auch der Scharmützelsee, der größte See Brandenburgs mit einer Fläche von 1575 Hektar, einer Länge von 13 Kilometern und eine Tiefe bis zu 28 Metern. Seine Ufer sind mit Schilf und Bäumen gesäumt, die Hügel ringsum zumeist bewaldet. Die artenreiche Vegetation und das reiche Insektenvorkommen bietet vielen Vogelarten einen idealen Lebensraum.
Natürlich ist das „Märkische Meer" ein ausgezeichnetes Revier für Wassersportler. Aber auch eine gemütliche Fahrt mit einem der Fahrgastschiffe ist ein schönes Erlebnis.
Bad Saarow-Pieskow erstreckt sich heute etwa zehn Kilometer halbkreisförmig um den Scharmützelsee. Der älteste Ortsteil ist Saarow-Dorf. Bis Ende des 19. Jahrhunderts blieb Saarow bedeutungslos. Ab 1906 entstand eine Villensiedlung für Industrielle und Beamte. 1911/12 erfolgte die Eröffnung einer Seebadeanstalt. Mit der Entdeckung der Rasen-Eisen-Moor-Vorkommen 1912 entwickelte sich rasch der Moorbadebetrieb, und der Ort erhielt noch vor dem Krieg den Status eines Heilbades. Mit der Entdeckung einer Chlor-Calzium-Solequelle 1927 konnte der Kurbetrieb bedeutend erweitert werden.
Hier wohnten zahlreiche bekannte Persönlichkeiten oder suchten Erholung und Genesung, so auch der russische Schriftsteller Maxim Gorki in den Jahren 1922/23. Zur Erinnerung an seinen Aufenthalt befindet sich in einem Blockhaus im russischen Stil in der Ulmenstraße, wir kommen nachher dort vorbei, seit 1972 ein Museum. Im so bezeichneten Maxim-Gorki-Haus werden über die Dokumente zu seinem Aufenthalt hinaus wechselnde Ausstellungen zu bekannten Künstlern gezeigt, die sich hier aufhielten, wohnten oder anderweitig eine enge Beziehung zum Ort hatten.
(*Öffnungszeiten*: Dienstag 10–13 Uhr, Mittwoch/Donnerstag 10–12 und 13–16 Uhr, Mai-Oktober zusätzlich Samstag 11–16 Uhr)
1996 erhielt Bad Saarow-Pieskow den (vorläufigen) Status eines Kurortes zurück, den der Ort in der Zeit nach 1945 verloren hatte. Bis 1998 soll hier eines des bedeutendsten Kur- und Gesundheitszentren Brandenburgs entstehen.

TOUR 19

Vom Hafen fahren wir die *„Seestraße“* entlang des Ufers, biegen dann in die Querstraße links ein, in der ein Radweg beginnt. (Geradeaus führt der Weg durch den Kurpark.)

Von dort gelangen wir zu einem Platz, auf der die kleine Saarower Kirche steht. Jetzt biegen wir rechts ab in die *„Ulmenstraße“* und fahren auf dieser bis zur Hauptstraße vor dem Bahnhof (erbaut 1911 im Heimatstil).

Wir folgen nun der Ausschilderung Fürstenwalde nach links. Kurz darauf beginnt an der linken Seite ein schöner Radweg, der unsere Fahrt bis Petersdorf wesentlich ruhiger werden läßt.

In **Petersdorf** müssen wir für ein kurzes Stück wieder auf die Hauptstraße durch den Ort, die wir dort wieder geradeaus verlassen, wo diese an einem See nach rechts wegschwenkt. Weiter geht es nun auf einer Straße mit Kopfsteinpflaster, dem wir allerdings zunächst rechts und dann links auf dem schmalen Beton- bzw. Plattenweg ausweichen können.

An einer Straßengabelung biegen wir in einen Hohlweg nach links ab, der mit den Wanderwegweisern **„Kölpin/Rauensche Steine“** gekennzeichnet ist. Dieser führt uns bergauf auf einen Plattenweg, dem wir geradeaus folgen. Wir fahren nun durch die **Rauener Berge**.

Wer sich den etwas anstrengenden Weg über die Berge nicht zutraut oder ersparen möchte, der fährt an der Gabelung vor dem Hohlweg nach rechts und kurz darauf auf eine Asphaltstraße. Auf dieser unterquert man nach einiger Zeit die Autobahn und stößt dann, schon in Fürstenwalde, nach kurzer Zeit auf die Straße von Bad Saarow. Hier fährt man dann praktisch geradeaus weiter, wobei ein Radweg benutzt werden kann. Ab der Spreebrücke ist man wieder auf der Originalstrecke.

Am Waldparkplatz zweigen wir vom Plattenweg rechts ab und fahren auf dem Kiesfahrweg weiter, der mit gelben und grünen Strichen gekennzeichnet ist. Auch an der nächsten Gabelung schwenken wir mit dieser leicht nach links und passieren dabei eine Drehschranke.

Nach kurzer Zeit zweigt der Grüne-Strich-Wanderweg nach rechts zu den „Rauenschen Steinen“ (sprich: Markgrafensteinen) ab. Diesen Weg ignorieren wir aber, weil er zu direkt und brutal über und auf die Berge führt.

Nach angenehmer Fahrt auf dem Kiesweg erreichen wir vor einem jungen Kiefernbestand eine T-Kreuzung. Der Weg mit dem gelben Strich nach Kölpin führt nach links weiter, wir biegen aber nach rechts ab. Auf diesem immer noch akzeptablen Weg bleiben wir zunächst, fahren also an der nächsten Gabelung leicht nach links.

Schließlich gelangen wir an einen etwas breiteren Fahrweg, dem wir fast geradeaus folgen. Nach kurzer Zeit, natürlich weiter bergauf, erreichen wir die Markgrafensteine.

Rechts liegt der **„Kleine“** und links der **„Große“ Markgrafenstein**. Sie stammen aus Schweden, bestehen aus rötlichem Biotitgranit, und wurden mit dem Eis der Saale- oder Weichselkaltzeit, dazu gibt es in der Literatur unterschiedliche Angaben, hierher transportiert. Genauso unklar ist auch die Bezeichnung Rauensche Steine, die man an Wegweisern und in manchen Karten findet.

Wenn sie auch nicht die größten Findlinge Ostdeutschlands sind, so bestimmt die bekanntesten. Als sie Fontane in seinen Wanderungen sichtlich enttäuscht beschrieb, war der Große Margrafenstein schon erheblich verkleinert worden. Mit einem Umfang von fast 30 Metern und einer Höhe von 8,5 Metern wurde er in den 20er Jahren des 19. Jahrhunderts für die Herstellung einer Granitschale für die Rotunde des im Bau befindlichen Museums in Berlin (heute Altes Museum) ausgesucht. Ab dem Frühjahr 1827 wurde der Stein um 90 Grad gedreht und zweimal gespalten. Aus der äußeren Scheibe wurden Steinbänke und ein Steintisch hergestellt und auf der höchsten Erhebung der Rauener Berge (300 Meter nördlich, 150 Meter über NN) aufgestellt. Die mittlere Scheibe wurde zum Schalenrohling verarbeitet (0,5 Meter Wandstärke, sieben Meter Durchmesser) und ab Mitte September 1828 durch einen Graben, der noch zu sehen ist, bis zur Spree und auf dieser bis zum Kupfergraben in Berlin transportiert. Hier wurde er noch mittels einer Dampfmaschine poliert.

Da die Schale nicht den vorgegebenen Maßen entsprach (statt 12 bis 17 Fuß hatte sie einen Durchmesser von 22 Fuß), wurde sie 1831 zunächst provisorisch im Lustgarten vor der Freitreppe des Museums aufgestellt und am 10.11.1834, auf vier Granitsockeln ruhend, eingeweiht.

Dort ist sie noch heute zu sehen. Wenn auch die technische Leistung zu bewundern ist, so gab es auch damals schon kritische Stimmen, die die Zerstörung eines der „Märkischen Weltwunder" sehr kritisch sahen. Darunter war auch Goethe, der sich mehrfach für die Markgrafensteine aus wissenschaftlichen Beweggründen interessierte.
Heute ist der Große Markgrafenstein mit seinen immer noch 17 Metern Umfang kleiner als der Kleine, der einen Umfang von fast 22 Metern und eine Höhe von rund 6 Metern hat.
Hier beginnt ein Bergbau- und Naturlehrpfad, der auch darauf hinweist, daß in diesem Gebiet von 1842 bis 1922 und kurzzeitig nach dem Krieg Braunkohle unter Tage abgebaut wurde.

Auf dem zuletzt benutzten Fahrweg fahren wir anschließend weiter und stoßen nach kurzer Zeit auf ein Asphaltsträßchen, welches vom Funkturm nach Rauen führt. Auf dieses fahren wir nun recht rasant bergab, wobei einige Kurven zu beachten sind, unterqueren die Autobahn und erreichen hinter einer Drehschranke **Rauen**.

Die interessante spätgotische Feldsteinkirche besitzt einen Wehrturm mit Zinnenkranz sowie im Inneren vier schöne Schnitzfiguren eines Altars von 1480/90. Historisch bedeutsam ist ebenfalls das Steigerhaus (am Ortsausgang nach Kölpin), eines der wenigen erhaltenen Zeugnisse der Bergbautätigkeit.

Hier fahren wir bis auf die Hauptstraße und praktisch geradeaus weiter bis nach Fürstenwalde. Wir folgen nun der Hauptstraße sowohl bis zur Spreebrücke als auch danach. An der Ampelkreuzung fahren wir dann allerdings geradeaus in Richtung Fürstenwalde Nord auf der „*Bahnhofstraße*" bis zum Bahnhof.

Mehrtagestour: Von der Schorfheide zur Märkischen Schweiz

Start: Bahnhof Bernau
Ziel: Bahnhof Strausberg (Vorstadt)
Karten: siehe angegebene Touren
Streckenlänge: 45 km bis Altenhof, 52 km bis Bad Freienwalde, 60 km bis Bahnhof Strausberg
Abkürzungen: Von Bad Freienwalde direkt nach Strausberg Nord
Wegbeschaffenheit: Zum größeren Teil befestigte Straßen/Wege (Asphalt, Beton, Verbundpflaster), sonst gut befahrbare Wege. Wenige Kopfsteinpflasterstrecken.
Sehenswertes (Auswahl): Kloster Chorin, Schiffshebewerk Niederfinow, Oderlandmuseum mit Rathenau-Ausstellung in Bad Freienwalde, Thaer-Gedenkstätte, Brecht-Weigel-Haus
Übernachtungsmöglichkeiten (Auswahl, alle Orte auch mit preiswerten Gruppenquartieren): Altenhof, Bad Freienwalde, Buckow
Baden: Werbellinsee, Schermützelsee, Langer See bei Garzin, Freibad in Bad Freienwalde

Bei dieser nicht allzu langen, für drei oder vier Tage gedachten Tour können wir einige der schönsten Landschaften Ostbrandenburgs kennenlernen: die Schorfheide mit dem Werbellinsee, den Choriner Endmoränenbogen, das Niederoderbruch und die Märkische Schweiz. Große Teile der Strecke führen auch durch die zwei Großschutzgebiete dieser Region, das Biosphärenreservat Schorfheide-Chorin und den Naturpark Märkische Schweiz.

Darüber hinaus erwarten uns zahlreiche Sehenswürdigkeiten, die sicher zu den wichtigsten in Ostbrandenburg gehören. Trotzdem ist die Strecke überwiegend wenig befahren und eignet sich daher auch als Gruppentour, beispielsweise für eine Klassenfahrt.

Da die erste Etappe bis Altenhof nicht allzu lang ist und die letzte Etappe sich bei Bedarf abkürzen läßt, ist dies auch ein Tip für eine (gemütliche) Wochenendfahrt.

★

Vom Bahnhof Bernau fahren wir wie bei Tour 3, (S. 42ff) über **Ützdorf** und Bogensee nach **Prenden**. Zunächst ein Stück parallel zu dieser Tour, geht es nun mit der Tour 2 (S. 30ff) weiter nach **Marienwerder** und **Eichhorst**.

Von hier fahren wir, entsprechend der Bemerkung in der Tourenbeschreibung, nach **Altenhof**. Hier gibt es mehrere Möglichkeiten zur Übernachtung, unter anderem auch die Jugenderholungsstätte Werbellinsee (einst die „Pionierrepublik ›Wilhelm Pieck‹"). Außerdem lädt auch der Werbellinsee zum Baden ein.

Von Altenhof geht es dann weiter nach **Lichterfelde** (Richtung Eberswalde). Hier biegen wir vor der Kirche nach links ab und folgen nun der Tour 5 (S. 60ff). Das Kloster **Chorin** und **Niederfinow** sind dann die nächsten Stationen.

Von hier fahren wir wie bei Tour 6 (S. 71ff) zum Schiffshebewerk und durch das Niederoderbruch nach **Bad Freienwalde**. Diese Kurstadt, auch das naheliegende **Falkenberg** bietet sich hier an, hat selbstverständlich eine gute Auswahl von Quartieren, darunter auch eine Jugendherberge.

Von Bad Freienwalde radeln wir wie bei Tour 11 (S. 121ff) zum **Baasee**, dann zur kleinen Siedlung **Rädikow** und weiter bis zur kreuzenden Straße Wriezen – Steinbeck.

Von hier könnten wir geradeaus dieser Tour zum Bahnhof Strausberg Nord folgen.

Wir biegen aber links ab in Richtung **Wriezen** und radeln über **Haselberg, Lüdersdorf-Biesdorf** nach **Schulzendorf**. Hier machen wir einen kleinen Rechts-links-Schlenker und fahren weiter nach **Möglin** mit der Albrecht-Daniel-Thaer-Gedenkstätte (siehe Tour 14, S. 140ff).

Auf der Hauptstraße durchqueren wir den kleinen Ort und kommen dann nach **Batzlow** und Reichenberg. Hier fahren wir am Stopschild nach links weiter in Richtung **„Strausberg"**.

Hinter dem Ortsausgang geht es bald ein Stück bergauf und dann sehen wir schon links den Abzweig nach Pritzhagen. Hier biegen wir links ab und folgen nun der Beschreibung zur Tour 13, S.132ff.

Wir können nach Buckow auch auf der Straße fahren, was sich beispielsweise bei regnerischem Wetter oder bei der Fahrt in einer Gruppe anbietet (siehe hierzu auch die Bemerkung bei Tour 13 zum Naturschutzgebiet Stobbertal).

Dann würden wir nicht nach Pritzhagen abbiegen, sondern bis zum nächsten Abzweig **„Buckow"** weiterfahren und diesem folgen. Am Strandbad Schermützelsee sind wir dann wieder auf der beschriebenen Strecke.

Durch **Pritzhagen** und das **Stobbertal** radeln wir nach **Buckow**. Wer noch einen Tag Zeit hat, kann hier die zahlreichen Übernachtungsmöglichkkeiten nutzen, darunter ebenfalls eine Jugendherberge.

Weiter geht es dann, immer noch wie bei Tour 13, über **Waldsieversdorf, Garzin, Garzau, Rehfelde** bis zum Bahnhof **Strausberg** (Vorstadt).

Allee zwischen Wesendahl und Wegendorf

Anhang

Literatur

Ausflugsatlas Umgebung von Berlin. Tourist Verlag, Berlin und Leipzig, 1984.

Auto-, Rad- und Wanderatlas Rund um Berlin. Reise- und Verkehrsverlag, München und Stuttgart, 1995

Badstübner, E.: Brandenburg: zwischen Elbe und Oder – Kunst und Geschichte des norddeutschen Binnenlandes. DuMont, Köln, 1993.

Benthien, B. (Hrsg.): Reiseführer DDR. Tourist Verlag, Berlin und Leipzig, 1989/90.

Dehio, Georg: Handbuch der Deutschen Kunstdenkmäler. Die Bezirke Cottbus und Frankfurt (Oder). Neubearbeitung. Akademie-Verlag, Berlin, 1987.

Die Bau- und Kunstdenkmale in der DDR – Bezirk Frankfurt (Oder). Henschelverlag, Berlin, 1980.

Entlang der Märkischen Eiszeitstraße – Eine Reise durch das Barnimer Land und die Uckermark. Gesellschaft zur Erforschung und Förderung der Märkischen Eiszeitstraße e. V. (Hrsg.), Eberswalde, 1995.

Fontane, Th.: Wanderungen durch die Mark Brandenburg. Aufbau-Verlag, Berlin und Weimar, 1980.

Friedrich Wolff: Regionalführer Brandenburg. Tourist Verlag, Berlin, 1991.

Gäbler, V.: Wanderführer Wandlitzsee – Liepnitzsee. Tourist Verlag, Berlin, 1994.

Hup, H.: Ein Schloß in der Mark – Erinnerungen an Dammsmühle. Eigenverlag, 1993.

Kurth-Gilsenbach, H.: Neumanns Landschaftsführer – Schorfheide und Choriner Land. Neumann Verlag, Radebeul, 1993.

Meyer, L./Regling, H.: Die Oderbruchbahn. Transpress Verlag, Berlin, 1995.

Müller, H.: Dome, Kirchen, Klöster: Kunstwerke aus zehn Jahrhunderten. Tourist Verlag, Berlin und Leipzig, 1986.

Museumsführer Land Brandenburg. Museumsverband des Landes Brandenburg und Potsdamer Verlagsbuchhandlung, Potsdam, 1993.

Piltz, G.: Reise Lexikon Kunst Brandenburg. Urania-Verlag, Leipzig, Jena und Berlin, 1991.

Schubert, B. (Hrsg.): Brandenburg – Der Osten. Band 1–3. PRO LINE CONCEPT, Berlin 1994.

Wanderführer Scharmützelsee – Bad Saarow-Pieskow. Tourist Verlag, Berlin, 3. Auflage.

Wanderwege, Wanderziele in und um Bad Freienwalde. Landkreis Märkisch-Oderland (Hrsg)., Bad Freienwalde.

Wolff, K.: Entdeckungen links und rechts der Oder: ein Reise- und Erlebnisführer beiderseits der deutsch-polnischen Grenze. Bäßler Verlag, Berlin, 1995

Broschüren und Faltblätter der Fremdenverkehrsämter und -vereine, Tourismus-Informationen, Museen und Kirchengemeinden usw., darunter auch Radtourenempfehlungen.

Zu empfehlende Karten (Auswahl)

ADFC-Regionalkarte Berlin und Umgebung, 1:75 000. Bielefelder Verlagsgesellschaft.

ADFC-Radtourenkarte Brandenburg/Spreewald, 1:150 000. Bielefelder Verlagsgesellschaft.

Radwandern und Radtouren Berliner Umland, 1:60 000. 4 Blätter, darunter Nordost und Südost. Stadt & Land Verlag Berlin.

Radwanderkarte Reisegebiet Märkische Schweiz – Oderbruch, 1:100 000. Gebietsgemeinschaft „Märkische Schweiz – Oderbruch“. (Bezug über Tourist-Informationen Bad Freienwalde, Seelow, Strausberg und Wriezen)

Freizeitkarte Umgebung von Berlin (mit Radwanderhinweisen), 1:100 000. 4 Blätter, darunter Nordost und Südost. Tourist Verlag Berlin.

Rad- und Wanderkarte Märkische Schweiz/Barnim, 1:50 000. Reise- und Verkehrsverlag, Berlin, München und Stuttgart.

Rad- und Wanderkarte Schorfheide/Werbellinsee/Parsteiner See, 1:50 000. Reise- und Verkehrsverlag Berlin, München und Stuttgart.

Scharmützelsee/Teupitz-Köriser Seengebiet, 1:50 000, KOMPASS-Spezialwanderkarte Radtouren. Heinz Fleischmann GmbH Geographischer Verlag Starnberg.
Topographische Karte mit Wanderwegen: Briesetal und Wandlitzer Seengebiet, 1:25 000. Landesvermessungsamt Brandenburg.
Topographische Karte mit Wanderwegen: Märkische Schweiz, Maßstab 1:25 000. Landesvermessungsamt Brandenburg.
Topographische Karte mit Wanderwegen: Schorfheide, 1:25 000. Landesvermessungsamt Brandenburg.

Adressen

Deutscher Jugendherbergsverband Landesverband Berlin-Brandenburg e. V.
Tempelhofer Ufer 32
10963 Berlin
Tel. 030/2649520
Fax 030/2 62 04 37
(Auskünfte zu Jugendherbergen)

Landesverband der Schullandheime Brandenburg e. V.
Breitscheidstraße 4
16348 Wandlitz
Tel./Fax 033397/22107
(Auskünfte zu Schullandheimen)

Europäische Jugenderholungs- und Begegnungsstätte Werbellinsee
Joachimsthaler Straße 20
16244 Altenhof
Tel. 033363/60, Fax 033363/6321

Feriendorf Dorado
Eiserbuder Weg 12
16348 Ruhlsdorf
Tel. 033395/224, Fax 033395/285

Freizeit- und Campingpark Helene-See
15236 Helene-See
Tel. 0335/55 66 60
Fax 0335/5 56 66 77

Biosphärenreservat Schorfheide-Chorin
• *Verwaltung und Naturwacht-Stützpunkt Eberswalde* (zuständig für Gebiet Choriner Endmoränenbogen und Niederoderbruch)
Stadtsee 1–4
16225 Eberswalde
Tel. 03334/58220, Fax 03334/582244
• *Naturwacht-Stützpunkt Groß Schönebeck*
(zuständig für Schorfheide)
Joachimsthaler Straße
16348 Groß Schönebeck
Tel. 033393/418

„Choriner Musiksommer" e. V.
Schicklerstraße 5
16225 Eberswalde
Tel. 03334/65 73 10, Fax 03334/23 63 16

entec – Zentrum für regionale Ökonomie, Ökologie und Bildung gGmbH
Fredersdorfer Chaussee 31
15370 Fredersdorf
Tel. 033439/76408
Fax 033439/76880
(Auskünfte zu Feldsteinbauten und -handwerk)

Gesellschaft zur Erforschung und Förderung der Märkischen Eiszeitstraße e. V.
Eisenbahnstraße 20
16225 Eberswalde
Tel./Fax 03334/239813

Naturpark Märkische Schweiz Naturparkverwaltung und Naturwacht
Eberswalder Chaussee 6
15377 Waldsieversdorf
Tel. 033433/474, Fax 033433/444 (Verwaltung)
Tel. 033433/6063 (Naturwacht)

Presse- und Informationsstelle des Erzbistums Berlin
Wundtstraße 48–50
14057 Berlin
Tel. 030/32684118
Fax 030/32 68 41 93

Presse- und Informationsstelle der Evangelischen Kirche in Berlin-Brandenburg
Bachstraße 1–2
10555 Berlin
Tel. 030/39 09 12 42
Fax 030/39 09 13 75

Allgemeiner Deutscher Fahrradclub Berlin e. V.
Brunnenstraße 28
10119 Berlin
Tel. 030/4 48 47 24,
Fax 030/44 34 05 20,

Allgemeiner Deutscher Fahrradclub Brandenburg e. V.
Lindenstraße 53
14467 Potsdam
Tel. 0331/2 80 05 95
Fax 0331/2 70 70 77

Berliner Radsport Verband e. V.
Priesterweg 3
10929 Berlin
Tel. 030/7 81 17 22
Fax 030/7 88 11 24

Brandenburgischer Radsport-Verband e. V.
Spremberger Straße 125
03149 Forst/Lausitz
Tel. 03562/98 40 69, Fax 03562/98 40 21

Rad- und Kraftfahrerbund Solidarität Berlin-Brandenburg e. V.
Fichtelbergstraße 6
12685 Berlin
Tel./Fax 030/5 45 10 69

Berlin vom Wasser aus

Ein sehr informativer Führer für alle, die Berlin, seine wald- und seenreiche Umgebung auf eigenem Kiel genießen wollen, die gleichzeitig aber auch an der kulturellen und politischen Geschichte der Stadt und ihrer Entwicklung interessiert sind. Verfaßt wurde »Berlin rund« von einem Autorenteam der auflagenstarken Tageszeitung Berliner Morgenpost. Berlin ist eine europäische Hochburg des Wassersports. Doch wessen Blick nicht viel weiter reicht als bis zur Bugspitze des eigenen Bootes, dem entgeht unendlich viel: Verborgenes und Bemerkenswertes am Ufer und die ganz speziellen Besonderheiten, die Berlin auch vom Wasser aus zu bieten hat. Mit »Berlin rund« erhält der Skipper jetzt einen kompetenten Führer, der speziell für seine Bedürfnisse entwickelt wurde. Über die zahlreichen Tourenvorschläge hinaus bietet das Buch einen ausgezeichneten Service, von einem Insider des Wassersports hervorragend recherchiert und unterhaltsam geschrieben.

208 Seiten, 75 Farbfotos und 10 farbige Kartenskizzen
ISBN 3-328-00718-0

SPORT VERLAG BERLIN

Erfolgreich ins Ziel